舵手证券图书
www.zqbooks.com

知识领航财富人生

舵手俱乐部 www.duoshou108.com

价值投资入门

（美）埃斯梅·法尔博 著
吴婵琼 邹乐凯 译

山西出版传媒集团
山西人民出版社

图书在版编目(CIP)数据

价值投资入门/(美)埃斯梅·法尔博著;吴婵琼,邹乐凯译.
--太原:山西人民出版社,2016.6
ISBN 978-7-203-09630-6

Ⅰ.①价… Ⅱ.①埃… ②吴… ③邹… Ⅲ.①投资经济学 Ⅳ.①F830.59

中国版本图书馆 CIP 数据核字(2016)第 148979 号

Esmé Faerber
All About Value Investing
0-07-181112-5
Copyright©[2010] by McGraw-Hill Education.
All Rights reserved. No part of this publication may be reproduced or transmitted in any form or by any means, electronic or mechanical, including without limitation photocopying, recording, taping, or any database, information or retrieval system, without the prior written permission of the publisher.
This authorized Chinese translation edition is jointly published by McGraw-Hill Education and SHANXI PEOPLE'S PUBLISHING HOUSE. This edition is authorized for sale in the People's Republic of China only, excluding Hong Kong, Macao SAR and Taiwan.
Copyright©[2016] by McGraw-Hill Education and SHANXI PEOPLE'S PUBLISHING HOUSE.
版权所有。未经出版人事先书面许可,对本出版物的任何部分不得以任何方式或途径复制或传播,包括但不限于复印、录制、录音,或通过任何数据库、信息或可检索的系统。
本授权中文简体字翻译版由麦格劳-希尔(亚洲)教育出版公司和山西人民出版社合作出版。此版本经授权仅限在中华人民共和国境内(不包括香港特别行政区、澳门特别行政区和台湾)销售。
版权©[2016]由麦格劳-希尔(亚洲)教育出版公司与山西人民出版社所有。
本书封面贴有 McGraw-Hill Education 公司防伪标签,无标签者不得销售。

著作权合同登记号　图字:04-2016-008

价值投资入门

著　　者:	(美)埃斯梅·法尔博
译　　者:	吴婵琼　邹乐凯
责任编辑:	崔人杰
出 版 者:	山西出版传媒集团·山西人民出版社
地　　址:	太原市建设南路 21 号
邮　　编:	030012
发行营销:	0351-4922220　4955996　4956039　4922127(传真)
天猫官网:	http://sxrmcbs.tmall.com　电话:0351-4922159
E-mail:	sxskcb@163.com　发行部
	sxskcb@126.com　总编室
网　　址:	www.sxskcb.com
经 销 者:	山西出版传媒集团·山西人民出版社
承 印 者:	大厂回族自治县德诚印务有限公司
开　　本:	710mm×1000mm　1/16
印　　张:	17.75
字　　数:	245 千字
印　　数:	1-8000 册
版　　次:	2016 年 9 月　第 1 版
印　　次:	2016 年 9 月　第 1 次印刷
书　　号:	ISBN 978-7-203-09630-6
定　　价:	46.00 元

如有印装质量问题请与本社联系调换

译者序

能够成为埃斯梅·法尔博女士《价值投资入门》一书的中文译者,我感到十分荣幸。在对金融行业萌生兴趣时,我曾有幸阅读了由丁宁博士翻译的埃斯梅·法尔博女士的另一大作《债券市场入门》,受该书的影响,才有了自己的职业规划,开始了如今的金融从业之旅。

本书延续了作者一贯的由浅入深的撰写方式,首章以价值投资与非价值投资之间的区别带领读者了解何为价值投资者,后面又采用"你是不是一个价值投资者"的询问方式,使读者结合自身的情况来阅读此书。第二部分作者则向读者介绍了作为一个价值投资者需要懂得的必备知识——财务三大报表及基本面分析的方法。第三部分作者着重阐述了目前市场上一些主流的价值投资标的,包括共同基金、封闭式基金、交易型开放式指数基金、债券、优先股、期权的基本概念和具体运用方式。零基础的读者也可以在阅读过程中熟悉原本高深的金融产品运作理念,即便是已在金融业中从业多年的译者,也在阅读、翻译本书的过程中受益——重新梳理了一遍各个价值投资标的之间的优缺点。在本书的最后,作者强调了一个价值投资者应当根据自己的投资偏好,合理运用各个投资标的之间的关系,形成属于自己的价值投资组合,只有如此才能获得资产的增值。

本书中作者所有的创作素材,都紧跟当今金融行业格局,尤其是贴近美国的最新金融环境。中国金融投资事业方兴未艾,但国民对于整个金融行业的知识储备比较薄弱，这也导致社会上近两年金融诈骗案的多发。阅读本书，正是投资新手们提高投资水平的好方法。从译者的角度来看，本书更大的价值在于作者一直强调"价值投资只属于那些具有金融能力的专业人才，国民的财富增值，应该交给这些有能力的基金经理去操作，价值投资者只需要去选择优秀的基金经理"的概念。我很希望读者能改变自己原本的投资习惯，也改变中国目前投资散户化的局面。

如书名所示，本书十分适合对价值投资毫无了解的零基础读者阅读。我相信，阅读本书一定能使读者加深对于金融行业、金融工具的认识——即便未来不从事金融相关行业，也可以让自己的金融投资活动更加富有成效！

邹乐凯

2016 年 4 月 9 日

前　言

买，怕产生遗憾；

卖，怕日后后悔；

拿着，整日担心；

啥都不做，觉得心烦。

——来自交易者的哀叹

以上来自交易者的哀叹，很好地总结了每一个投资者在做投资决策时的痛苦。

从以上交易者的哀叹，可以看出，人们总是到事后才会知道当初做什么决定才是正确的。如果没有看透未来的"千里眼"，那么投资者的投资决策就存在错误的可能。

本书的主要目的，是帮助投资者避开典型的投资失误。投资者在做投资决策时，不可能时时做到100%准确，但我们知道，昂贵的投资相对于低廉的投资会降低投资者的错误率。价值投资的本质在于寻找价格偏低的股票，并在价格高于内在价值时卖出，从而获得收益，这也意味着价值投资者需要有足够的耐心，等待那些不受青睐的股票得到广大投资者认可的一天。本书将举例说明不同价值投资的风格。

深度价值投资致力于寻找那些被低估的股票，这些股票可能由于一个或多个不同的原因而使价格受到重击，但标的公司拥有雄厚的资产负债表，并且随着时间的推移具有恢复估价的足够优势。

  并非所有的价值投资者都是深度价值投资者。成长股也有价格低于内在价值的时候，同样地，价值投资者也会在某种情况下投资股息股。如果你是一位价值投资者，且认为经济环境不会迅速增长，那么投资股息股是一个很好的选择。如果你认为经济增速会加快，投资成长股则是明智的选择。

  本书还将对不同的投资风格进行描述。读过本书，相信投资者在进行投资组合配置时会对价值投资有更好的理解。

目 录

第 1 章　价值投资与非价值投资 / 1
第 2 章　你是一个价值投资者吗？/ 11
第 3 章　价值投资历史 / 27
第 4 章　信息来源 / 39
第 5 章　资产负债表 / 55
第 6 章　利润表 / 81
第 7 章　现金流量表 / 95
第 8 章　基本面分析 / 109
第 9 章　选择一个价值股票组合 / 135
第 10 章　共同基金的运用 / 149
第 11 章　封闭式基金的运用 / 177
第 12 章　交易型开放式指数基金 / 187
第 13 章　债券 / 197
第 14 章　优先股 / 225
第 15 章　期权、认股权以及认股权证 / 235
第 16 章　投资组合管理和评估 / 263

第1章　价值投资与非价值投资

每一笔证券交易都会涉及两个对手方——买方和卖方，听起来这两方似乎处于"不是你死，就是我活"的对立局面，两方之间只有一方能够实现盈利。其实未必，在特定情况和时间节点下，双方都获利的情况也会出现。例如，在某一个时间点上，卖方认为证券价格已经到达最低点，或想要锁定利润，其会卖出股票；另一方面，买方认为证券价格还会继续上涨，因此选择继续持有，等待价格上涨后再获利离场。在这种情况下，买卖双方都能实现获利。

在这个例子中，价值投资者扮演什么样的角色呢？价值投资者根据证券的基本面来判断证券的价格是否被高估或者低估，并据此来交易获利。价值投资者在证券价格低于潜在价值时买入证券，在证券价格高于潜在价值时卖出证券。因此，价值投资者可以定义为寻找基本面很强（比如盈利高、现金流强）但物美价廉的股票的投资者。价值投资就是寻找在市场上定价偏离，在市场调整之后价格会提高的标的。细心的读者会立即质疑以上的说法，因为这与有效市场假说是相悖的。

有效市场假说

有效市场假说认为，股票市场总是处于公平定价的状态，企业的相关信息会有效并快速地传递到市场，因此任何股票的价格都不会被低估；换句话说，股票的价格一旦被低估，投资者就会买入股票，直到其达到公允价值为止，而股票价格一旦被高估，投资者便会卖出股票，直到其达到公允价值或内在价值（指企业在余下寿命产生的现金流折现值——译者注）为止。因此，很少甚至没有股票的价格会被低估或者高估。

问题是，如果有效市场假说行得通，像沃伦·巴菲特这样的价值投资者是如何跑赢市场的？归根结底，如果有效市场假说理论是正确的，那么市场上就不会存在被低估的股票，世界上所有的财务分析都无法找到能够实现盈利的股票。然而，另一方面，沃伦·巴菲特的例子却真实存在，他的回报率超过了市场平均水平，他的例子有力地证明，价值投资是存在且行得通的。

导致市场效率不高、股票偏离内在价值的原因有很多。从历史上看，许多股票都曾偏离内在价值。例如，在 1997 年 4 月到 2002 年 3 月长达 5 年的互联网泡沫中，纳斯达克指数暴涨 317%，市场呈现出"非理性的繁荣景象"。互联网公司具有好的经营思路，收入也有保障，但利润不佳，互联网股票价格被过分高估。然而，股价持续上涨，直到泡沫破灭，市场才开始醒悟。许多价值投资者，比如巴菲特，明智地避免投资互联网股票，从 1997 年开始的 5 年期间，纳斯达克经历了互联网泡沫，又从中艰难恢复，价值投资者轻松跑赢市场。

从这个例子的教训中可以看出，研究股票的价值是非常重要的。对于灵活、交易频率高、能够准确把握时间点的投资者来说，购买受到追捧的市盈率很高的股票，是有利可图的。然而，对于普通投资者和短线交易者来说，时间节点的准确把握往往很难。根据美国普信集团（T. Rowe Price）在 1987 年的一项研究，假设投资者在做投资决策的准确率为 50%，其最终盈利将低于买入并持有的投资者。夏普指数和资产定价模型（CAPM）的鼻祖威廉·夏普的另一项研究表明，市场时机捕捉者在股票市场和债券市场来回切换，只有达到 70% 以上的准确率，才能和买入持有者的投资收益相当。

事后看来，在互联网泡沫期间买入互联网股票的投资者，如果他们在时机选择的准确率上达到100%，也就是说，如果他们在2000年3月份大跌之前卖出股票，那么他们就能够获利。然而，对于大部分投资者来说，依靠所谓的"千里眼"投资决策获利并不现实。

当股票价格由于炒作或买盘增多而上涨，它们开始与内在价值出现偏离，这表明市场对这些股票的价值呈现不足。那么怎么评估市场的有效性呢？我们知道，市场并非一直100%有效，因为有些投资者会非理性地买入那些涨幅已经相当大的股票，当价格下跌时，有些投资者又会在低于内在价值的价格点位上卖出。这个例子给我们的教训就是，在任何时候都不要随波逐流。

市场给价值投资者创造了机会：当随波逐流的投资者低价卖出股票时，价值投资者便取得买入的机会；同样，当随波逐流的投资者以高于内在价值的价格买入股票时，正是价值投资者获利离场的时候。

价值投资定义

价值投资的概念最早源于本杰明·格雷厄姆和大卫·多得关于寻找股票价格低于内在价值的公司的研究。人们对于价值投资这个基本概念有一些常见的误解。举一个简单的例子，一只本来是100美元/股的股票，现在的交易价格却为50美元/股，这是价值型股票吗？答案是，不一定。判断一只股票是否是价值型股票，关键在于研究公司的内在价值。股票价值下跌了一半并不能证明这只股票是价值型股票：当年，安然公司的股票跌了一半，看起来挺像是价值型股票，但是，如果在这个点位买入，只能迎来亏损，因为安然破产，股票最终跌至零。股票的交易价格有时候并不能反映公司价值。例如，尽管英特尔公司的业绩评价值比较乐观，甚至超出分析师的预期，但其股价仍从2011年5月份的23.88美元，跌到了2011年8

月份的19.19美元，跌幅为20%。

纵观英特尔公司的基本面，就可以明白股价被低估的原因：英特尔公司是世界上计算机芯片生产量最大的生产商，由于其生产的芯片不能满足移动处理器所需的低功耗需求，股价大幅下挫；另外，2011年度个人电脑的出货量涨幅仅为14.8%，相比之下，智能手机的出货量涨幅达到63%，这也进一步给股价带来不利影响。

但是，除了以上不利因素，也应看到英特尔公司基本面较好的因素。比如，尽管个人电脑的销售市场非常低迷，英特尔公司希望通过开拓巴西和中国等新兴国家的个人电脑市场来提高市场份额。维佛卡就指出，英特尔公司在制造工艺技术保持4年领先，这使得其在超级本、平板电脑和智能手机市场取得成果，也给公司的未来发展带来优势。

根据价值动量基金的投资组合经理托德·罗温斯坦的分析，2012年7月12日当天，英特尔的股价为26美元/股，他认为在接下去的两年内，股价将会涨到38—40美元/股，他认为当前公司的股价并不能反映公司在新兴国家个人电脑市场、云计算以及移动通讯业务等方面的发展优势。

深入研究英特尔的财务报表，进一步证实了这一乐观预测。自2002年以来英特尔公司的收入持续增长（除了2006年和2009年），2012年的毛利率超过2011年，1995年—2009年的14年间，公司的毛利率在50%—60%范围内波动，2010年—2011年的毛利率上涨至65%，2012年维持同等水平。2009年至2011年，公司的每股利润呈现上升状态。英特尔公司目前的PE值为11，过去5年在9.27到47.73范围内波动，平均值为18。因此可以看出，英特尔的股价目前正处于底部，随着收入的增加，其股价也会上涨。

此外，英特尔的股息为0.84美元/股，股息率为3.1%，而2012年7月，10年期国债的收益率为1.45%。因此，股息率上涨的潜力较大，下跌的可能性非常小。根据以上判断，投资者可以把英特尔公司的股票评估为价值型股票。

市盈率

在定义价值型股票之前，有必要更充分地解释市盈率这个概念。市盈率是衡量公司股票价格和每股收益关系最常用的指标，用股票的市场价格除以每股盈利得到。因此，市盈率表示投资者获得公司一元收益而愿意支付的价格，换句话说，市盈率代表股票交易价格除以其收益的倍数，而股票价格一直处在波动中，所以市盈率也在变化。市盈率与股票价格相联系。例如，英特尔公司在2012年7月的市盈率为11，假设2013年该公司的每股收益为2.51美元，那么公司的股价将达到27.61美元。假设市盈率提高到13，每股收益也提高，那么股票价格也将提高。市盈率也是检测股票价格是否偏离内在价值的重要指标。

一般来说，价值型股票的市盈率较低，成长型股票的市盈率较高。价值投资者寻求那些具有良好经营思路、股价却低迷，或者当前经营不善、但长期向好的公司，在适当的时机逢低买入，一个很好的例子便是弗里波特—麦克莫兰铜金公司（股票代码FCX），这个公司的市盈率偏低，但未来前景向好。当前，该公司的市盈率为8，股价为32.18美元/股，由于新兴经济体及发达国家的经济增速放缓，该公司的铜、钼及黄金等产品的需求减少，公司股价处于下行趋势。

因此，当发达国家及新兴经济体经济回暖，铜、钼及黄金的需求随之上升时，公司的股票价格具有上涨潜力。进一步比较该公司与其竞争对手的基本面指标，证实了这个预测。作为世界上最大的矿业公司之一，尽管FCX公司的股票已经从56美元的高点下跌到28.85美元低点，其在股东回报率上仍具有骄人战绩，其投资回报率为19%，净资产收益率为26%，在采矿业保持领先水平。在股价有待反弹的背景下，FCX公司的股息率为4%。

股票市盈率可以根据过去4个季度的往期业绩计算，也可以用预期盈利来计算预测值。对于价值投资者来说，预期市盈率是一个重要的指标，因为这对于未来股价预测具有重要作用。

不过，投资者也不能仅仅根据市盈率来做投资决策，公司所处行业及资本结构类型也会影响市盈率。某些行业的市盈率相对较高，所以，不同行业的市盈率之间的比较并无意义。例如，经济衰退导致工业企业市盈率下降，因此制药和公共事业行业的市盈率相对工业企业偏高，所以，将著名医药公司默克公司和著名工业企业伊顿公司的市盈率加以比较，根本毫无意义。此外，有些行业对物业、厂房和设备等的投资较多，这将导致其资产负债表上负债的数额较大。

综上，市盈率是一个相对指标，价值投资者在考察公司是否为价值型公司时，在关注市盈率之前，还应关注其他基本面指标。市盈率主要用于对同一行业的不同企业的考察。2013 年医疗行业的平均市盈率为 7.9，医药行业的平均市盈率为 11.7，医疗设备制造行业的平均市盈率为 12.5。

价值型股票的定义

价值投资通过基本面分析确定某只股票的当前价格是否低于内在价值，投资风格与成长型投资相反。成长型投资者寻求那些价格已经上涨的股票，价值投资者则寻求那些目前表现不好，但长期向好的股票。2006 年，由于房地产泡沫开始破裂，家居建材企业股价急剧下降，这些公司的市盈率下降到 4。到了 2012 年，住宅建筑企业的市盈率开始从低点反弹，但仍然低于十年前的平均水平。对于价值投资者来说，这类股票就是典型的价值型股票，他们愿意等待家具建材企业的复苏。

当某一个行业的股价长期低于其他行业，其差距将会渐渐缩小，并回归平均水平，这个概念被称为均值回归。这个概念的另外一方面也说明，跑赢市场的股票，价格也会最终慢慢回归。

因此，价值投资者总是在寻找那些市盈率低于长期盈利增长率的股票。有人认为，价值型股票是指那些市盈率低于盈利增长率的股票。例如，2012 年苹果公司的预计增长率为 69%，市盈率为 12；根据预测，2013

年的增长率为16%，市盈率为10。因此，根据上面的定义，苹果公司的股票为价值型股票，而市盈率超过盈利增长率的股票，则一般不会被认为是价值型股票。

价值型股票并没有确定的定义。有人认为市盈率偏低或者低于行业市盈率的股票为价值型股票，有人则比较关注现金流和市净率（指标每股股价与每股净资产的比率——译者注）。最为保守的定义则是那些股息收益率高于平均水平的股票。优势得不到投资者青睐的股票也被归类为价值型股票。例如，英特尔和思科一般被归类为成长型股票，但在2006年股价下降时，很多基金经理将他们归类为价值型股票并且买入。根据不同的定义，投资者所界定的价值型股票各不相同。本书将对价值股票的定义进行更为详细的讨论。

非价值投资

在定义了价值投资之后，了解什么不是价值投资也非常重要，这有助于避免进入价值投资的误区。

价值陷阱：要当心

并不是所有价格下跌的股票都是价值型股票。例如，诺基亚公司曾是全球手机市场占领份额最大的公司，随着市场份额的下降，其股票价格也快速下跌。2011年10月27日，其股价为7.38美元/股，2012年7月18日，其股价跌到了2.04美元/股，跌幅高达三分之二。许多华尔街投资者在当时将诺基亚视为价值型股票，但诺基亚推出的高端智能手机最终未能获得市场青睐，没能挽回市场份额，诺基亚股票也成了一个价值陷阱（前景不好的公司），并且，由于低端手机的利润率较低，诺基亚公司难以冲出重围。在这种情况下，诺基亚公司对于如何扩大销售额和盈利额已无计可施。

当一只股票的价值出现下跌，投资者需要分析公司的业务及财务报表，确定未来销售和利润增长的可能性。如果可能性很低，那么这类股票就是典型的价值陷阱。根据分析，诺基亚公司也不太可能被收购，因为诺基亚当时是芬兰最大的公司之一，芬兰当局不太可能允许将诺基亚卖给境外公司。因此，对于投资者来说，如果要等待诺基亚通过自身的发展实现复苏的话，这一过程将太过漫长，甚至遥遥无期。

股票价格变动并非一直反映公司的经营情况

股票市场并不稳定，股价可能在数天内波动巨大，但这并不一定意味着公司的繁荣或者衰落；换句话说，公司的业务或者收益情况可能并没有变化，股价是由于股票市场的原因而产生了波动，因为股价的波动除了与公司基本面情况有关，也与很多其他原因相关。例如，一个基本面良好的公司股价仍然可能出现下跌，这可能是长期投资者卖出股票实现利润导致。另外，基金经理有时候会出于筹集资金的需要而卖出股票，这也会导致基本面向好的公司股价反而下跌。因此，投资者应更多地关注公司的基本面盈利情况，来预测长期的趋势，而不是只关注股价——仅仅股票价格低迷这个理由，并不能说明任何问题。

MBA 或 CPA 才能成为价值投资者吗

另外一个常见的误解是，具备挑选价值型股票的能力需要经过多年的经营分析和财务培训。其实不然，即使你不懂得财务报表，你仍然可以通过财务报表的某些指标挑出价值型股票，这和你用 5 美元买到在别的超市标价 10 美元的商品的道理是一样的。

投资者都希望自己投资的标的公司财务状况健康良好。我们在财务报表这一章简单概括了评价公司财务状况的方法。学会看财务报表有助于筛选价值型股票。

价值型投资寻找的是发展停滞的股票吗

价值型股票并不是成长型股票的反义词。成长型股票反映了公司的销售额或者收入正在快速增长，其股价也快速上涨。两者的区别在于，价值型投资者不会追涨。经常有误解认为，价值型股票与成长性股票处于对立面，更有认为价值型公司销售及盈利增长率很低，甚至停滞不前，其实不然。

价值型投资者最具耐心，他们愿意进行漫长时间的等待。价值型股票和价值陷阱之间最大的区别，在于对公司基本面及所在行业的分析。关于价值型股票和成长型股票的对比，我们将在第 2 章做进一步的讨论，通过学习第 2 章，你可以选择最适合你的投资风格。

第2章 你是一个价值投资者吗？

了解市场运行以及不同投资风格，可以让你知道自己是否适合成为价值投资者，以及将成为什么样的价值投资者。第一步，你要了解股票市场有哪些不同的投资风格，同时也要了解价值型股票与成长型股票的区别。通过研究股市的表现，你会发现在特定时间点，价值投资者有获利机会。

股市分析

研究2009年到2011年3年间股票市场的表现，对比罗素1000成长指数和罗素1000价值指数，可以发现价值股表现弱于成长股。2012年也是如此，罗素1000成长指数的回报率为8.3%，而罗素1000价值指数的回报率仅为4.1%。然而，到了2013年第一季度，在整体上中小盘股表现优于大盘股的情况下，大盘股及中盘股中，价值股表现优于成长股。

价值股与成长股表现差异需进一步分析。从表面上看，这3年半间便宜的股票越来越便宜。莱维森指出，2011年罗素1000成长指数涨幅2.6%（包含股息），而罗素1000价值指数涨幅0.4%。把金融股从罗素1000价值指数剔除，价值指数涨幅将为7.3%。然而，2012年前5月金融股涨幅高达8.6%。

从这个例子中可以得出的结论是，经常会有3到4年的时间，价值股表现逊于成长股。但在较长时间维度，价值型股票的表现优于成长型股票。布兰德斯研究所的研究表明，1980年—2010年，价值型股票的表现超过成长型股票575%。从短时间看，2008年价值型股票表现优于成长型。伯克希尔·哈撒韦公司（巴菲特旗下公司）表现最差的三个年份是1967年、1980年和1999年，然而，在接下去的一年，该公司的收益又分别高于标普500指数49%、102%、48%。

表2-1总结了从1980年到2013年股票市场的表现，在不同的阶段，有时候价值型股票表现优于成长型，有时正好相反。在2009年到2012年的3年半期间，成长型股票表现优于价值型股票，2012年价值型股票的价格被高估。价值型投资者会选择价值股而非成长股，因为价值股就是"打折"的成长股。

有一个问题需要解答，那就是，投资者应该只选择那些在行业中具有领导地位的股票，而忽略那些表现相对落后的股票吗？从较长的时间维度来看，更容易解答这个问题，从短的时间维度看，则像是猜谜游戏。势头股投资者一般投资那些价格已经出现上涨的股票，但其主要问题是，他们无法准确预测转折点。领先的势头股可能最终变成落伍股。请记住，在价格周期的高点买入领先股，将导致你在很长一段时间的收益率为负，这个状况会一直持续到股票重新受到青睐为止。

从较长的时间维度来看，哪些股票对于投资者来说报酬率较高？答案可能令人吃惊。戴维·莱茵韦贝尔和他同事的一项研究称，分别用1美元投资价值股和成长股，计算标普500指数在1975年到1995年之间的市净率，在1995年，价值股的价格达到23美元，而成长股则为14美元。对国外股票的研究也证实了这个结果。罗利和夏普的研究表明，1981年1月到1992年7月，法国、德国、瑞士、日本以及英国等市场的价值股表现优于成长股。宾夕法尼亚大学的教授杰里米·西格尔的研究表明，从1963年7月到1998年12月的35年期间，价值股的表现优于成长股——价值股涨幅13.4%，成长股涨幅12%。

以上关于价值型股票在较长时间维度上表现优于成长股的现象，对于投资组合具有一定的指导意见。然而，表现良好的股票并不一定能长期维持良好的走势，它们会慢慢回归均值，同样，表现不好的股票也会慢慢回归均值；换句话说，目前表现很好的股票，不太可能长期维持高回报，目前表现差劲的股票，未来有一天也有可能实现高收益。这个均值回归的现象适用于小盘股和大盘股，也适用于价值股和成长股。因此，耐心的价值投资者愿意等到价值股"翻身"。不过，除了研究股市，投资者还应分析经济环境和股票市场的关系。

表 2-1 美国股票在 1980 年—2012 年的表现

价值股表现优于成长股	成长股表现优于价值股
1981	1980
1986	1982
1983—1984	1985
1987—1988	1987
1992—1993	1989—1991
1995	1996—1999
2000—2008	
	2009—2011
	2012
2013 *	

*前 5 个月

股票市场与经济状况

伯恩斯坦联盟的首席市场策略师瓦蒂姆·罗特尼科夫认为，在经济环境不明朗的情况下，市场比较偏好成长股。投资者趋向于投资更高质量的成长型企业，而不是那些价格越降越低的价值股。

通货膨胀是另一个需要考虑的因素。在通胀上升时期，价值股表现往往优于成长股。在 1976 年—1979 年的高通胀期间，价值投资者的回报率达到 25%，而成长型的回报率仅为 9%。在通胀高企时，不动产和设备价值上涨，成为价值型公司的资产增长和回报的一部分。在物价稳定以及低利率期间（以 2008 年—2012 年期间为例），公司倾向于利用现有的资源来偿还债务，而不是扩大业务，因此这个阶段成长股表现优于价值股。

股市走势与利率呈负相关。利率上涨一般会对股票市场产生负面影响；利率下降股市普涨。在短期利率接近于零的情况下，股市走势上扬。然而，由于失业率居高不下、预期税率上涨、预计政府部门将对私营部门采取更多监管措施、GDP 增长率低迷等原因，市场走势如过山车，波动剧烈。股市震荡，投资者更多倾向于投资股息率较高的股票，而避免投资债券，因为尽管债券的价格与利率水平呈反向关系，假设利率水平有所上涨，那么债券价格将会下降。精明的投资者不会投资那些利息率仅 1.4%的 10 年期债券，他们更愿意投资那些平均收益率为 3% 左右的绩优股，比如麦当劳、家得宝、康菲石油公司以及宝洁公司等。

由于货币市场收益率低于通胀率，债券收益率接近于通胀率，股息股更具有吸引力。但是有限合伙企业和共用事业企业这类高股息的股票价格已经大幅上涨，价格被高估，因此，它们的收益率可能不及 3% 股息率的绩优股。

根据 Al Frank 资产管理公司以及尤金·法玛和肯尼思·弗伦奇的研究，假设在 1927 年用 1000 美元投资股票，如果投资于派息率排名前 30%的股票（也就是价值型股票），到 2011 年，市值将达到 790 万美元，如果投资于不派息股票（也就是成长型股票），市值仅达到 80 万美元。

在决定投资哪一个行业时，首先要确定经济发展方向。图 2-1 展示了在经济周期的不同阶段应投资哪些板块的股票。价值投资者会在市场趋势和经济因素发生变化时，买入或卖出股票以寻求更高的收益。某些行业相对来说对经济周期的变化反应更为敏感。那些发展趋势与经济周期保持一致的行业，一般被称为周期性行业，也就是说，周期性行业的销售规模和销售收入随着经济周期的变动而变动。

对于处于周期性行业的公司来说，经济周期处于哪个阶段至关重要，也是投资者在考虑投资决策时需要重点关注的。例如，当经济处于扩张期后期时，投资不会考虑投资汽车公司、建筑施工公司以及材料类公司的股票，因为它们的价格已经达到上限，不太可能继续上涨；当经济增速放缓，这些公司将面临收入下降的问题，因为这些公司对经济情况的变化很敏感，投资者应选择在经济扩张前期入场。

当经济走出衰退期，金融类股票一般会由于利率较低而表现向好，但这个趋势在2010年—2011年期间并不明显，但到了2012年上半年，金融股的表现明显优于其他板块，主要由于美国利率水平降低至接近于零的水平。

经济衰退结束后的时期，是买入耐用消费品、资本货品以及周期股的好时机。经济衰退期间，消费者一般会推迟汽车、大家电以及房屋的购买计划。周期股伴随着经济状况而波动。进入扩张期，周期股受益于业务上涨，市场对原材料和大宗商品的需求增加。扩张期结束后，经济似乎进入了衰退期，防御股（稳定行业）表现良好。稳定行业包括制药公司、医疗保健类、饮料公司、食品企业、消费者服务企业、家庭非耐用品企业等，这些公司一般都会分派股息，这在一定程度上抵消了一部分价格下跌的风险。

上面提到的模式在大部分的经济周期中表现显著，但总有例外。在2000年到2002年经济衰退期间，由于汽车公司推出了各类销售营销计划，比如零利率贷款购车、可观的折扣等，推动汽车销量显著上涨。但是，尽管销量增长，但汽车公司的利润并没有得到改善。此外，在2008年经济衰退时，尽管利率下降到接近于零的水平，但汽车销量仍然显著下降，主要由于失业率达到历史新高。

综上，在经济周期的不同时间点上选择买入时机，是价值投资者提高回报的一个有效方式。

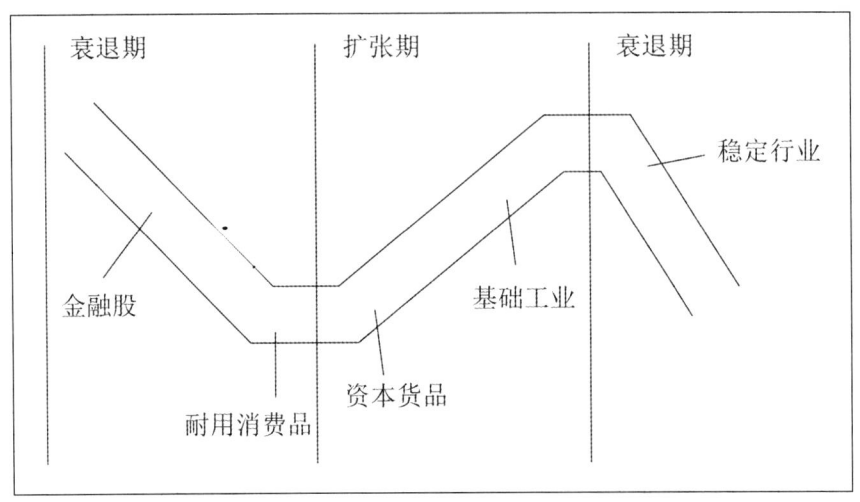

图 2-1　经济周期与不同类型的股票

利率与经济

利率的预期会促使投资者重新分配投资组合。利率上涨时，股价一般会下跌。短期利率接近于零，会对股市产生显著冲击。当利率达到对股市产生影响的水平，投资者将面临不同的选择：他们可以选择卖出价格已经上涨的股票锁定利润，也可以选择卖出对利率敏感的股票（如金融或者汽车、房屋建筑等周期性板块）；有些投资者会买入制药和食品股（防御性板块和稳健行业的股票），因为当利率上涨时，这些股票受到的影响低于其他行业；还有一些投资者选择继续持有手上的股票，但不会继续投入资金，直到利率趋于平稳为止——真正的市场时机捕捉者则会清空所有的股票，等待重新进入的时机。

对于投资组合中包含债券的价值投资者来说，面对利率上涨，他们也可以采取不同的策略。一般来说，利率上涨时，债券价格的走势比股票价格更容易预测,债券价格与利率呈负相关,利率上涨,债券价格下降,利率下跌,债券价格上涨。利率上涨时,投资者可以采取多种策略:有的投资者卖出全部的债券,将资金投资短期债券以及货币市场,等待利率回归;有的投资者选择较为温和的方式,卖出投资组合中期限较长的债券,将这部分资金用于投资短期债券;还有的投资者选择卖出收益率较低的债券,将这部分资金用于购买收益率较高的债券;更被动的做法是,当利率被认为已经达到峰值,等待投资组合中的债券收益率变高。

持有债券型基金的投资会经历资金被侵蚀的过程,因为当利率上涨,所有类型的债券价格都会下降。为了减少损失,债券投资者可以卖出持有的债券,或者将手中收益率较低的债券卖掉,买入收益率较高的债券或买入货币基金,等到利率接近峰值时,再进入收益率走高的债券市场。

持有个债和持有债券基金的区别非常微妙。个券会到期,而债券型基金的个别债券到期后将被其他债券取代,因此,对持个券投资者来说,尽管利率上涨期间他们的收益率会比新发行的债券小,但最终他们都会拿到本金;而对于债券型基金来说,投资者无法回收本金,在利率上涨期间,债券型基金下跌得特别快。

通货膨胀与经济

在一定程度上,通货膨胀对所有的金融投资都产生负面影响。然而,一般来说,在通胀水平较低或适度时,股票的回报率高于债券以及货币型产品——金、铂、铜和铝等矿业公司的股票是对抗通胀的良好工具。

成长型投资风格与价值型投资风格

在选择股票和债券时,成长型投资风格与价值型投资风格采用完全不同的方法,他们并不像看起来那样相去甚远。价值投资者和成长型投资者都会寻求具有良好利润增长潜力的股票,但两者的区别是价值型选择的是被低估的股票,而成长型投资者选择的是计价公允的股票。

表2-2列出了价值股与成长股的显著特点。通常情况下,价值投资者避开市盈率过高的股票。例如,墨西哥烧烤快餐店(股票代码CMG)公司从麦当劳公司独立出来后,股价显著上涨。CMG是典型的势头股,与价值股相差甚远,详见图2-2。

表2-2 价值股和成长股的特征

价值股	成长股
市盈率低于市场	市盈率高于市场
市净率低于市场	市净率高于市场
股票"暂时失宠",但公司基本面良好	公司发展及利润增长均超出市场
当前价格低于历史平均价格	股价高于平均价格

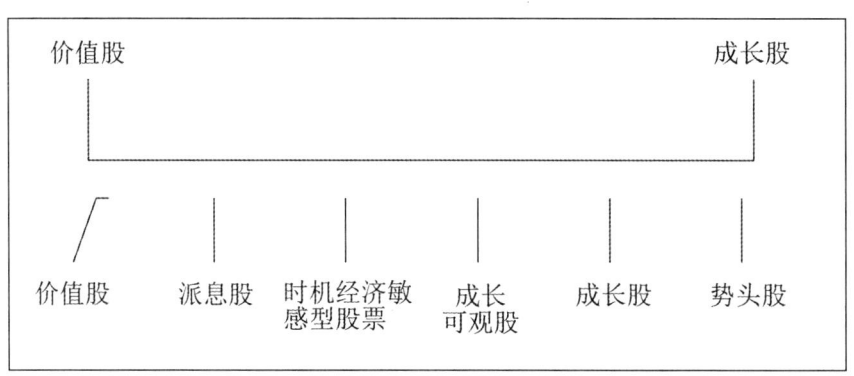

图2-2 价值型投资风格与成长型投资风格

势头风格

势头投资是最具风险性的投资风格。势头投资者寻找正在强劲上涨的股票并买入,当价格达到顶点便是他们卖出的时间点。这意味着势头投资者需要在两个方面掌握最佳时机。首先，他们需要准确识别股票的上涨趋势，其次要准确识别股票的顶点。许多势能投资者会在判断股价时认为股价突破了阻力位，还会继续上涨，所以买入股票，但实际上股票已经达到顶点，因此他们不得不面对损失。

势头投资风格充满风险。例如，在52周高点买入股票，如果价格下跌，那么将侵蚀本金。为了尽量减少潜在损失，势能投资者需要极高的灵活性。这种风格的投资者需要具备掌握市场时机的能力，持有股票的时间一般较短。这类投资者的投资收益取决于其买入和卖出时间点的准确性。如果对时机的把握准确，这类投资者获得收益远高于其他投资方式。势头投资者一般依靠技术分析预计价格上涨趋势。

图2-3展示了CMG公司在2012年前8个月的走势，以完美的例子呈现势能股的走势。假设投资者在2012年1月准确地预测到上行趋势，并继续持有到4月份中旬，此时股价已经达到440美元/股。然而，如果投资者在4月份没有离场，而是继续持有到7月20日，此时股价已经跌到300—400美元/股之间，投资者面临亏损。股价继续下挫，到8月24日已经跌至295美元/股的水平，市盈率高达36倍。CMG公司在7月20日跌幅达到三分之二，其中的一个原因在于该公司公布的收入低于预期水平，销售增长率也首次跌破两位数，加上2012年食品及能源价格上涨，CMG公司却难以通过提高价格将增加的成本转移给顾客。

此外，CMG公司面临着来自竞争对手日益增加的竞争压力，这意味着未来收入水平无法保持刚从麦当劳独立出来时期的大幅增长。价值投资者认为，股票的基本面不乐观，未来盈利水平难以保持辉煌时期的水准。同样，对于价值投资者来说，CMG公司的吸引力比不上其对手公司：当时CMG的市盈率为36倍，而麦当劳的市盈率仅16倍，百胜公司的市盈率为20倍，星巴克公司的市盈率为28倍，均远远低于CMG公司。

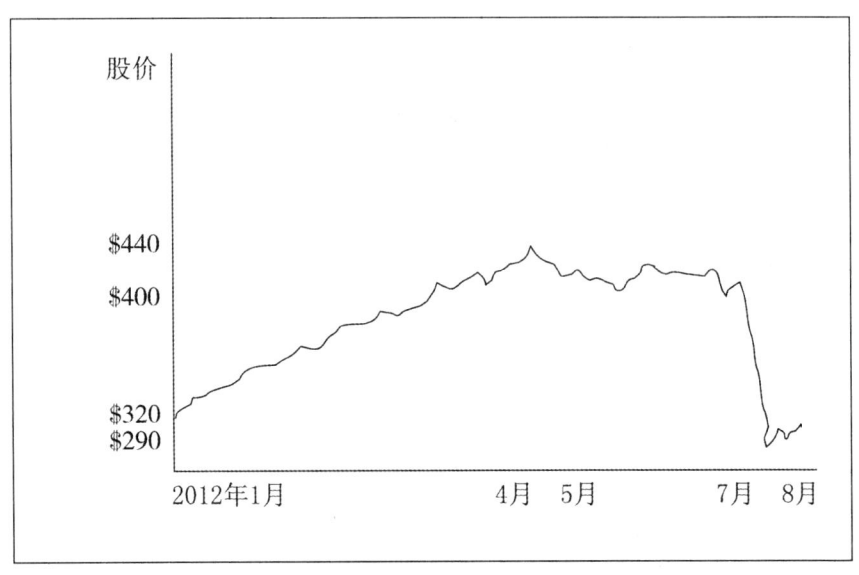

图 2-3 墨西哥烧烤快餐店股票价格

成长型投资风格

成长型公司的销售增长率、收入增长率等指标均高于行业平均值。成长型投资者愿意为了高增长率的成长型股票而买入市盈率较高的股票。星巴克公司当前市盈率为 28 倍,并且,随着星巴克公司的发展,预计市盈率将继续走高。如果成长型股票不能保持高增长率,股票价格将会很快下挫,正如墨西哥烧烤快餐店(CMG)。苹果公司的股票是典型的成长股,该公司的 ipad、iPhone 以及 ipod 产销量持续走高,在市场占有主导地位,苹果公司有能力继续提高市场份额。苹果公司的创新能力高于其竞争对手,这凸显了该公司强大的管理水平。此外,苹果公司在 2012 年 9 月支付了 1.57% 的股息,即使未来财报数据令人失望或者收入增长低于预期,股息分派也可以弥补一部分损失。

图 2-4 展示了苹果公司与 CMG 公司从 2011 年 9 月到 2012 年 8 月的股价走势对比,说明了势头股"失宠"后面临的可怕局面。从价值投资者的

角度来看，苹果公司的投资价值高于 CMG。首先，苹果公司的资产负债表相当强大，现金达到 200 亿元，没有长期债务。苹果公司的流动性强，意味着在债务到期时，其可以在很短的时间内变现目前的资产来偿还。此外，尽管苹果公司支付了 1.57% 的股息，其仍然是典型的成长股。苹果公司股票的价格大约为账面价值的 8 倍，市盈率大约 16 倍。只要苹果公司继续维持收入和销售的高增长率，其股价将继续上扬。假设公司的发展低于预期，那么成长股相对于价值股将受到"更为严厉的惩罚"，因为投资者对成长股的预期要比对价值股高得多。

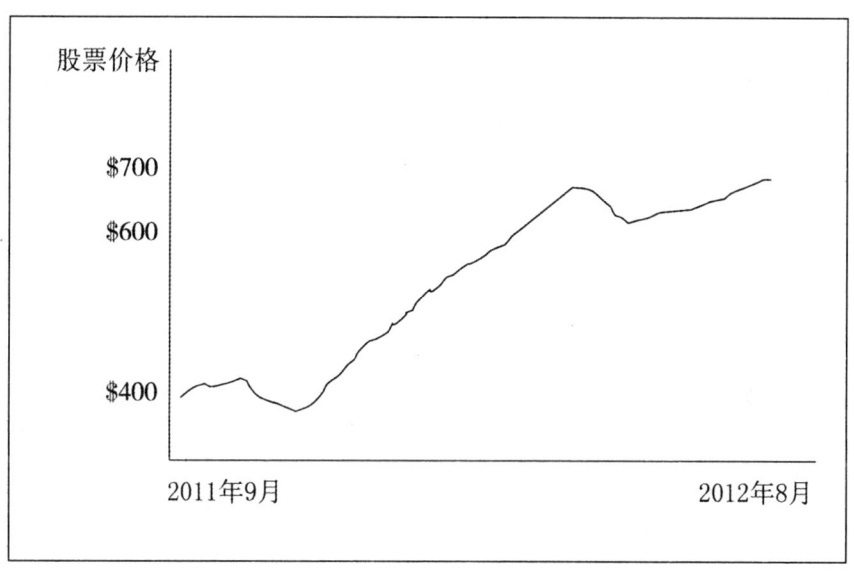

图 2-4　成长股图：苹果公司

GARP 投资风格

GARP 投资风格是价值投资与成长投资的结合，GARP 投资者寻找那些增长率高于市盈率的公司，换句话说，他们寻找那些市盈率相对偏低，但增长率较高的公司。PEG 率（价格—利润—增长率）是用公司的增长率除以市盈率计算得到。GARP 投资者寻找那些 PEG 为 1 或者低于 1 的股票。表 2-3 列出了 PEG 率小于 1 的股票。我们需要提出一个问题：这些公司未来会以目前水平甚至更高水平的增长率发展吗？如果答案是肯定的，那说明这些股票目前的市场价格低于其内在价值，值得投资；如果答案是否定的，也就是说这些公司未来无法维持高增长率，那么再低的 PEG 水平都毫无意义。

表 2-3 GARP 股票

公司	股票代码	市盈率	5 年净利润增长率	PEG
雅培药厂	ABT	21.34	22.46%	0.95
美国电塔	AMT	61.09	69.50%	0.878
希维斯保健公司	CVS	16.06	20.84%	0.77
菲力尔	FLIR	13.26	17.15%	0.77
英特尔	INTC	10.46	20.74%	0.50
（美国）国民油井石油设备有限公司	NOV	14.17	23.86	0.59
钾肥公司	POT	14.14	37.55	0.38

＊5 年年化增长率，截至 2012 年 8 月 29 日。

时机经济敏感型投资风格

首先要澄清一点，作者并不主张通过选择买入卖出时机进行交易的策略。本书提倡通过经济周期不同时间节点来寻找价格被低估的股票。例如，当经济进入衰退期，周期性公司（销售额和利润都和经济情况紧密相关）的销售额和利润下滑，这样一来，他们的市盈率会随着收入下降而下降，导致股票价格下挫。价值投资者可以通过经济周期来寻找那些暂时"失宠"的股票，请参考前面的图 2-1 决定在不同的经济时期应购入什么股票。

派息股投资风格

这类投资者寻找那些价格低于内在或公允价值，并且通过分派股息提供了安全边际的股票。股息型投资者在股票分派股息时收到现金存款。

以 50 美元/股的价格购入股票，分派股息 2 美元/股，则股息率为 4%（2 除以 50）。派息股投资者寻找那些高股息率的股票。然而，在买入高股息率的股票之前，投资者应先评估风险，确定公司分派股息的可持续性。

要了解公司分派股息的安全性及可持续性，投资者可以计算和衡量公司的派息率，也就是计算股利分配金额占公司利润的比例。假设一个公司的利润为 1 亿元，股利分配金额为 1000 万元，则派息率为 10%（1000 万除以 1 亿）。如果公司股利分配金额为 8500 万元，则派息比率为 85%，这可能导致未来的派息率得不到保障，股东安全感降低；另外，公司支付很高的股息率，可能意味着未来公司的利润会急剧下滑。

投资者应该搞清楚股息率居高的原因。支付高股利的股票不一定意味着公司利润高，有时候，公司会在由于经营不善或负面消息导致股价显著下跌时分派股息。因此，高股息率很有可能无法长久维持。价值股息型投资者寻找的股票，股息率不是最高的，但比美国国债收益率高。

价值投资者很容易会被派息股所吸引。在当前的经济环境下，货币市场及银行存款的收益率接近于零，10 年期债券收益率接近 1.5%，投资者通过投资派息股来弥补他们的损失。这些行为导致了派息股泡沫的形成，像有限合伙企业以及共用事业等股息分配率较高的股票，价格已经飙升到过高的水平。因此，价值型股息投资者应该关注那些股息率稍低，但仍有投资价值的股票。Al Frank 资产管理公司以及尤金·法玛和肯尼思·弗伦奇教授的研究显示，从 1927 年 6 月开始将 1000 美元投资于不同类型的美国股票，到 2011 年结果如下：

- 将1000美元投资于股息率排名前30%的股票，到2011年股票市值为790万元；
- 将1000美元投资于股息率排名中间40%的股票，到2011年股票市值为400万元；
- 将1000美元投资于股息率排名后30%的股票，到2011年股票市值为130万元；
- 将1000美元投资于不派发股息的股票，到2011年股票市值为80万元。

尽管该研究表明，长时间来看，高股息支付率的股票具有相当大的投资优势，但目前这些股票存在价格泡沫，未来可能走低，这也是价值投资者选择股息率稍低的、具有投资价值的股票的原因。这个研究的另一个结论是，从长期来看，不支付股息的股票的投资回报最低。

另外一个方法是，投资于那些未来股息率预期上涨的股票。有基金公司曾做出一个针对不同投资回报率的研究，由杰克·修斯发表于《巴伦周刊》。

- 假设在1978年末将100美元投资于罗素1000指数，到2012年7月市值为4055美元；
- 假设将100美元投资于罗素1000指数中有支付股利的股票，到2012年7月市值为4573美元；
- 假设将100美元投资于那些股息支付率走高的股票，到2012年7月市值为5244美元。

价值股投资风格

与价值投资相对的是成长型风格，成长型投资风格一般盈利较快。价值投资者选择那些市场价格相对内在价值偏低的股票，等待它们回归到内在价值水平。一般来说，价值投资者保持耐心，等待价格回归到内在价值。

克利夫斯自然资源公司（股票代码 CLF），是一个典型的价值型公司，由于世界经济情况的影响，该公司股价下挫。该公司的主营业务是铁矿石和冶金煤的勘探与生产。中国等经济体是铁矿石和冶金煤的主要消费国，但中国、美国以及欧洲的经济增长放缓，此外，铁矿石价格持续低迷，价格不断走低，似乎还没有达到底部水平。在两种因素的共同作用下，该公司的股价从 52 周的高点急速下跌，跌幅超过 50%。由于股价下挫主要与经济状况有关，因此当世界经济走出衰退周期，该公司的股价将反弹走高。2012 年 9 月 5 日，该公司股价为 34 美元/股，分析师认为在一年内股价将回升至 62 美元/股。

值得指出的是，尽管股价可能进一步下跌，但公司的基本面良好。当前该公司股价为 34 美元/股，低于账面价值 40.73 美元/股。2011 年，该公司的销售额和净利润上涨 60%，5 年年化销售和净利润增长率强劲上涨（收入增长率 31%，净利润增长率 101%）。目前的市盈率为 2.93，预估市盈率为 5.14。2011 年该公司的毛利率为 27.86%，净利润率为 28%，投资资本回报率为 21.9%，资产负债率为 51.5%。该公司的自由现金流（指企业经营活动产生的现金流量扣除资本性支出——译者注）为 12.9 亿元，每股现金流量为 16.23 美元。耐心的投资者会买入 CLF 的股票，等待经济复苏，等到铁矿石和冶金煤的需求好转时，股价自然也会上扬。同时，在等待的期间，投资者可以每年享受 7.2% 的股息收益率。派息比率为 21.7%，因此公司可能发生收入下降并不会影响股息支付。当然，这样的投资也存在风险，如果经济环境继续恶化，CLF 的股价将继续下降，这也是价值投资者面临的一个重要问题，那就是在股价跌到底部找准时机入场。

你的投资风格是什么

真正的价值投资者专注于那些便宜的股票,这些股票有可能会继续走低,但耐心等待便会迎来丰厚的回报。这类投资风格要求投资者非常具有耐心,对于他们来说,非常重要的一点是保持坚定——不轻易买入他人正在卖出的股票。

成长型投资者的时间流程较短,他们所买入的股票,是大部分人会买入的。

介于价值投资与成长型投资之间的投资风格,为投资者提供一定弹性,将价值型和成长型结合,灵活性较强。

第 3 章 价值投资历史

随着对价值投资历史的了解，潜在的价值投资者更能理解和认识一个事实，那就是通过任何一个精确的公式挑选出来的股票，都不能满足价值投资创始人本杰明·格雷厄姆的严格要求。格雷厄姆在大萧条之前毕业于哥伦比亚大学，并开始在华尔街担任分析师，他的价值投资理论拥有众多的追随者，包括巴菲特和约翰·内夫。1934 年，格雷厄姆和大卫·多德合作出版了第一本书《证券分析》，1949 年他又出版了第二本书《聪明的投资者》。以下列举一些书中的观点。

风险承受能力和时间

了解自己是哪一种类型的投资者，这取决于你的风险承受能力和愿意投入到投资的时间和精力。你的风险承受能力取决于你的个人情况：

- ◆ 婚姻状况
- ◆ 家庭人数
- ◆ 抚养责任和就业
- ◆ 生命阶段
- ◆ 财务独立
- ◆ 在投资中可以承受的损失

以上问题的答案可以大致总结出投资者的风险承受水平以及适合的投资风格。举个例子，假设一对夫妇在他们的工作领域都是专业人士，由于专业水平较高，他们拥有高收入并且保持经济独立，那么他们在投资中可以承受更高的风险。相比之下，假设一对夫妇，他们有两个需要抚养的小孩，夫妇中只有一人在工作，储蓄不多，那么他们适合的投资风格相对前面的夫妇来说更为保守。

投资者的财务状况决定了他们所能承受的风险，也决定了他们取得投资收益的舒适度。然而，投资者在进行投资时，还应建立合适的时间表。时间表较短（少于2年）的投资者，不适合投资股票，对于这类投资者来说，最适合他们投资的是货币市场，货币市场的产品可以帮助他们守住本金，并且获得一定的收益。时间表较长（5年左右）的投资者，在投资类别上有更多的选择，除了货币市场外，他们还可以投资债券以获得更高的回报。时间表大于5年的投资者可以选择投资股票市场，假设市场下跌，投资者拥有足够的时间等待价格回调，然后再卖掉股票。格雷厄姆认为投资者的风格分为两种——主动和被动，两种投资者风格的区别取决于投资者的时间限制和风险承受能力。

- ◆ 主动投资者主动研究他们所感兴趣的公司，花费较多的时间，因此他们的回报率相对较高。格雷厄姆认为，投资者对目标公司优势分析所花的时间越多，所获得的回报也越高。
- ◆ 被动投资者一般不会花费时间和精力对公司的基本面进行分析和研究，他们中意于对股票指数或债券指数进行投资，比如，他们会投资道琼斯工业指数。对于这类投资者来说，收益率达到市场平均水平他们已经很满意。不过格雷厄姆坚持认为，这类投资者的投资回报一般达不到市场平均水平。

格雷厄姆认为投资者了解自己的投资类型是非常重要的，他认为，投资者需要有自我认知，知道自己是投资者还是投机者：投资者会研究目标公司的优势和劣势，寻找具有投资价值的股票；投机者则热衷于购买那些价格被哄抬的股票。

安全边际

本杰明·格雷厄姆提出的基本原则是，投资于那些具有安全边际的股票，这也是价值投资的基本原则。价值投资的前提是，寻找那些市场价格相对股票内在价值"被打折"的股票。格雷厄姆认为，一只股票的内在价值可以其对应公司的资产负债表计算得到，公司安全边际也可以从资产负债表中得到。格雷厄姆致力于寻找那些资产负债表的净流动资产高于总市值（股价乘以流通股数）的股票。

资产负债表上的资产一般划分为流动资产和非流动资产，两者之间的区分在于资产的变现能力。一般来说，流动资产可以在一年内或一个营业周期内变现，而非流动资产则在一年以上或一个营业周期以上变现，也就是说，流动资产的流动性高于非流动资产。

流动资产的概念与速动资产有所不同。有价证券和应收账款可以很快转化为现金。在讨论流动性时，存货的流动性经常受到质疑，这主要取决于一年或者一个营业周期存货的周转次数。有些存货的周转较为缓慢，导致其流动性较差。格雷厄姆认为，如果速动资产超过了公司债务水平，那么这个公司就具有安全边际。

格雷厄姆还用其他的方式衡量和计算公司价值，一个方法就是计算公司的营运资本或净流动资产价值，净流动资产价值是用流动资产减去流动负债得到。应收账款和存货变现为现金后，可以用来购买更多的存货，销售产生新的现金流。在这个过程中，一个营运资本充足的公司可以扩大销售规模和营业收入。相反，如果一个公司的营运资本偏低，由于现金短缺，公司业务规模难以扩大，利润也会较差。不过，及时生产（just in time，JIT）的管理理论证明了，在较低营运资本的情况下，公司也可以提高销售和收入。格雷厄姆认为，以低于内在价值的价格买入公司股票，可以将投资的下行风险最小化，将投资者收益最大化。

利用波动率获得收益

本杰明·格雷厄姆认为，市场在波动，而投资者利用波动性进行投资而获得收益。当市场中投资者普遍抛售股票时，很多投资者会担心"世界末日"到来，他们会恐慌性地抛售手中的股票。本杰明·格雷厄姆认为，在这种情况下，投资者应当正确保持理性，抛开情绪的影响，在市场中寻找那些市场价格低于内在价值的股票并买入。同样的道理，当市场中股票价格以狂热的速度上涨时，投资者不应随大流买入股票，而应分析手中的股票是否还有投资价值，对于没有投资价值的股票应果断抛售，提前锁定利润；也就是说，投资者在做投资决定时，应根据市场情况来判断，而不应受到情绪的影响。

投资不同类别的资产，投资者可以减轻市场波动对资本的影响。举个例子，假设投资者同时投资债券和股票，便实现了投资组合的相对多元化。股票市场和债券市场的波动并非一直保持一致，很多时候，股票市场和债券市场走势分化，投资者可能在股票市场遭受损失时，债券市场正好价格上扬，这就可以弥补一些股价下跌导致的损失。

另外一种在波动市场中保护资本和提高利润的策略，是在市场波动时采用平均成本法。平均成本法指的是，每间隔一段时间以相同金额购买某一只股票或基金而不考虑价格。这个策略的一个明显的优势是，不需要把握市场时机和实时证券价格。

表3-1说明了这一概念，情况1展示了市场价格上涨的情况，情况2展示了市场价格下降的情况，情况3展示了波动市场的情况。假设投资者在12个月每隔一个月就买入1000美元的某只股票基金。

在情况1中，由于仅12个月股票市场都处于价格上涨的阶段，最后一个时期购入的股数为1305.01，总投入金额为12000美元。由于股票价格不断上涨，投入1000美元所能购买的股数也越来越少。相反，当股票价格下跌，投资者投入1000美元所能购买的额股数增多。情况1中的每股均价为8.33美元/股，每股成本为8.89美元/股，每股均价相对于每股成本这个指标来说，并没有那么重要。每股均价表示的是购买标的在 12 个月内的平均价格，每股成本表示的是每次购买的成本相加除以总股数得到的数。在情况 1 中，如果股票基金的价格跌到 8.89 美元/股，投资者将遭受损失，如果超过 8.89 美元/股，则投资者将获利。

在情况 2 中，市场价格处于下行通道，当年股票基金的平均价格为 5.88 美元/股，每股平均成本为 5.80 每股。由于股票基金处于价格下行通道，投资者购入的股数高于情况 1，也就是说，股票价格越低，投入相同金额，买入的股票基金股数越多。每股平均成本低于每股平均价格 0.08 美元/股，因为股票价格下降，投入相同金额，购买的股票股数越多。在市场价格下跌时，每股平均成本低于每股平均价格。

在情况 3 中，市场处于波动状况，没有明显的趋势，股票基金的平均价格为 7.31 美元/股，明显高于 7.25 美元/股的平均成本。造成这个现象的一个原因是，在股票下跌的期间，1000 美元买入的股数明显增加，当股票价格上涨期间，1000 美元买入的股数又减少。

观察三种情况的结果，读者可能会感到非常吃惊。因为在这三种情况中，价格上升市场在 12 月末的总市值竟然不是最高的。总市值最高的是波动市场，也就是情况 3。仔细研究会发现，在情况 3 中，9 月份该基金的每股价格跌至 6.25 美元低点，投资者投入 1000 美元可购入 160 股，在价格反弹时，由于股数较多，增长也多。因此，在市场波动的情况下，平均成本投资法可以让投资者免于错失市场时机的苦恼。

然而，当市场处于下行通道时，也就是情况 2 所展示的情况，其结果是最糟糕的。这个例子说明，即使采用平均成本投资法，在下行市场中投资者还是会面临亏损。同样，如果投资者在价格低迷的时候以低于平均成本的价格卖出股票，则面临亏损。

对于投资者来说，平均成本法是一个省事的方法，投资者定期投入固定金额，而不用决定入场时机和市场价格。这个策略很适合被动型投资者。这里有一个问题，投资者应该在一开始就投入全部的金额，还是用平均成本法、在较长的时间里每隔一段时间投入一定的金额呢？想知道答案，我们可以看一下表 3-1。

表 3-1 三种不同情况下的平均成本法

	情况 1		情况 2		情况 3	
	上升市场		下降市场		波动市场	
	每股价格	股数	每股价格	股数	每股价格	股数
1月	7.00	142.86	7.00	142.86	7.00	142.86
2月	7.25	137.93	6.75	148.15	7.50	133.33
3月	7.25	137.93	6.25	160.00	7.00	142.86
4月	7.50	133.33	6.50	153.85	6.75	148.15
5月	8.00	125.00	6.20	161.29	7.25	137.93
6月	7.75	129.03	5.75	173.91	8.00	125.00
7月	8.00	125.00	6.00	166.67	7.00	142.86
8月	9.00	111.11	5.50	181.82	6.50	153.85
9月	9.50	105.26	5.25	190.48	6.25	160.00
10月	9.00	111.11	5.30	188.68	7.50	133.33
11月	9.75	102.56	5.00	200.00	8.00	125.00
12月	10.00	100.00	5.00	200.00	9.00	111.11
总股数		1,350.01		2,067.71		1,656.28
每股平均价格	100/12 = $8.33		70.50/12 = 5.88		87.75/12 = 7.31	
每股平均成本	=总股本/总股数 = $12000/1350.01 = $8.89		=总股本/总股数 = $12000/2067.71 = $5.80		=总股本/总股数 = $12000/1656.28 = 7.25	
12月总市值	$13,500.10		$10,338.55		$14,906.52	

在上升市场中，假设在最初就投入所有的金额，那么投资者购入的股票股数最多，最终市值积累也最高。在波动市场中，由于市场处于波动状态，因此结果难以预测，无法给出明确的答案，投资者能否获利，获利多少，主要取决于市场的安全性和波动性。在下跌市场中，定投比开始时全部投资能够获得更多的份额。然而，在下跌市场中，由于市场价格一直下跌，平均成本法并不能保障利润。

综上，格雷厄姆认为，分散投资以及采用平均成本法有助于减轻波动市场对收益的影响。

格雷厄姆的指引

本杰明·格雷厄姆认为，投资者应该购买那些市场价格低于实际价值的股票。为了找到这类股票，潜在投资者应该研究目标公司的资产负债表（财务报表），计算股票的内在价值，形成对公司基本面的分析。格雷厄姆认为，投资者对公司基本面的研究越多，研究的人越多，市场的有效性将会提高，要找到价格被低估的股票就更难。根据格雷厄姆的模型，回答"是"的选项越多，所选出的股票越理想。他提出的一个原则是，寻找低市盈率的股票。不过，值得注意的一点是，格雷厄姆的观点形成的时候，正是股市处于大萧条的时期，他的模式在今天的市场上不一定适用。不过，无论如何，格雷厄姆的理论是价值投资一个很好的理论。

根据格雷厄姆的指引，如果一只股票在10个指引中有7个选项的回答是"是"，就说明这只股票具有投资价值。不过请记住，由于目前利率接近于零，很多本来只把剩余的钱存在银行或投资债券的投资者，为了寻找更高的收益率开始进入股票市场，并寻找那些分派股息的股票品种。"回报"一节的第三点（见下文方框），为以收益为导向的投资者提供了一些指导。

格雷厄姆股票投资指引

回报

1. 该公司的市盈率是多少？评级 AAA 债券的收益率倒数是多少？前者是否低于后者的一半？例如，目前具有 AAA 评级的企业债收益率是 3.48%，则其倒数等于 28.74（1 除以 0.0348 得到）。根据计算结果，市盈率至少要低于 14.37（28.74 除以 2 得到）的股票才具有投资价格，适合购买。

2. 所选取的股票在目前的市盈率是否低于过去 5 年平均市盈率的 40%？

3. 所选取的股票股息率是否等于或者高于 AAA 评级债券收益率的三分之二？举个例子，假设目前 AAA 评级债券的收益率为 3.48%，则其收益率的三分之二计算可得 2.32%，那么，在买入股票时，投资者应选择那些股息率等于或者高于 2.32% 的股票。

4. 股票当前的市场价格是否低于其账面价值的三分之二？

5. 当前的股票价格是否低于每股净流动资产（每股净流动资产等于流动资产减去总负债后的值除以总股数）的三分之二？

风险

1. 该公司的负债/所有者权益比例是否低于 1？换句话说，公司的总负债是否低于所有者权益？

2. 该公司的流动比率是否等于或者高于 2？公司的流动资产除以流动负债所得的流动比率，应等于 2 或高于 2。

3. 该公司的总负债是否低于净流动资产（流动资产减去流动负债）的两倍？

4. 十年的平均每股收益（EPS）增长率是否高于 7%？

5. 在过去的十年里，该公司收入下降超过 5% 的时间，是否不超过 2 年？

来源：保罗·斯特姆，《如果本杰明·格雷厄姆拥有一台电脑》，《精明的投资者》杂志，1994 年 3 月刊第 32 页。

然而，由于目前利率水平非常低，投资者也不能盲目追随这些指引。以收益为导向的投资者，可以适当提高对收益率的要求，比如，对于感兴趣投资的股票，他们可以把对股息率的要求从 2.32% 提高到 3%。其余的指引是非常严格的，可能市面上可以满足这些要求的股票少之又少。因此，这些指引可以在适当的时候变通和改变。投资者对这些标准根据实际的情况进行如下略微改变，这样可以使得他们的自选盘上有更多的股票品种可以选择：

◆ 市盈率低于 15
◆ 市净率低于 1.5
◆ 股息率高于 3%
◆ 流动比率高于 1.5
◆ 五年股利支付连续增长
◆ 五年来的每股收益率增长率连续高于 3%
◆ 负债/所有者权益比率低

通过稍微改变后的标准，投资者可以利用这个模型找到最适合自己的投资风格。例如，GARP 投资风格的投资者会忽略股息率这个因素，而更注重每股收益增长率这个指标。除了以上 10 个标准，格雷厄姆最感兴趣的是计算公司的内在价值，他用以下公式进行计算：

$$内在价值 = E \times (2g+8.5) \times 4.4/Y$$

其中，E = 年度每股收益率

g = 年增长率

Y = 当前利率

（AAA 评级债券平均收益率）

通过这个公式计算,投资者可以得到克利夫斯自然资源公司的内在价值。该公司的预期每股收益为 6.60 美元,考虑到经济增速放缓的因素,调整后保守估计的增长率为 2%,当前的利率为 3.48%,计算可得该公司当前的内在价值为 104.31 美元/股。

$$内在价值 = E \times (2g+8.5) \times 4.4/Y$$
$$= \$6.60 \times (2 \times 2+8.5) \times 4.4/3.48$$
$$= \$104.31$$

克利夫斯自然资源公司目前的股价是 40 美元/股左右,和上面计算出来的内在价值对比可以看出,该股票的价格被大大低估了。然而,这个公式没有考虑到经济增速放缓的因素,而经济增速放缓会对每股收益率、公司增长率产生影响,从而影响内在价值。在计算时引用 AAA 评级债券的收益率,是因为格雷厄姆试图平衡资本成本对利率的影响。当债券收益率上涨,投资者对股票收益率的预期也上涨。如果股票市场不能提供较高的收益率,投资者就会转而投资债券。较高的债券收益率会导致格雷厄姆公式计算出来的内在价值降低,较低的债券收益率则会导致计算出来的内在价格提高。

当然,采用这个公式并非万无一失,投资者不应该把这个公式计算出来的结果,作为是否购买这一只股票的唯一依据。格雷厄姆的公式计算出来的结果,相对没那么保守,因为这个公式是用增长率乘以 2 之后再加上 8.5,接着乘以每股收益。在简化的条件下,动态市盈率(PEG)总是大于 2。价值投资一般寻找那些动态市盈率等于 1 甚至小于 1 的股票。

接下来的四章将探讨如何获得公司的财务信息,如何通过对公司财务报表的基本面分析来评估公司的优势和劣势,以及这些信息对股票价格的影响。请记住，不同投资者定量分析计算出来的结果不一定完全一致，因为不同人对数字的理解不同导致计算结果存在差异性。因此，尽管都是价值投资者，实际操作中也会出现有的投资者买入一只股票，而另外一个投资者卖出同一只股票的情况。

第4章 信息来源

投资者对于他们有兴趣投资的公司,一般都有或多或少的了解——如果对所投资的公司一无所知,他们选股和投资股票就是无的放矢。价值投资者对标的公司的研究更深入,他们通过对公司细节的研究,筛选出最具有投资价值的股票,即市场价格与内在价值相差最多的股票。

年度报告

公司发送给股东的年度报告,是了解公司信息的主要来源,一般年度报告会包含各种图表和容易理解的文字,此外,年度报告还包含一封首席执行官的信、财务报表、财务报表附注、持续经营的成果、审计报告、新产品计划、业务分支信息、管理层的讨论和分析以及公司未来发展的新计划——对于潜在投资者来说,最重要的部分是财务报表、财务报表附注、审计报告以及管理层的讨论和分析。

在阅读一个公司的年度报告时,首先你应该明白这是标的公司所提供的,年度报告也是该公司的公共关系工具,在财务报告的对外公布上,公司具有一定的"自由裁量权"。因此,在研读公司财务报告的同时,投资者应该和其他来源的信息综合研究,得到公司更为真实和准确的信息。

10-K 报告

10-K 报告（适用于美国上市公司——译者注）与年度报告类似，但两者之间也有一定的差异：10-K 报告是提交给政府的报告，10-K 报告需要在每个财政年度结束之后的 90 天内填写完毕，并报送至美国证券交易委员会（SEC）。10-K 报告包括经审计的财务报表以及本公司业务情况和财务状况的综合描述，关于公司的财务信息，10-K 报告相对于年度报告更为完整——10-K 报告所涵盖的财务信息比年度报告多 5-10 年。

想了解一家美国上市公司的运营情况，投资者可以从美国证券交易所委员会的 EDGAR 数据库下载上市公司的 10-K 报告，也可以在对应公司的官方网站下载。

从年度报告和 10-K 报告中获取的信息

如前所述，年度报告的重中之重是财务报表、财务报表附注、审计报告以及管理层的讨论和分析——年度报告的其他部分也会为投资者提供有价值的信息，但最重要的还是来自以上四个部分。

重点介绍

你可以从公司重点介绍的部分开始研读，这个部分一般会总结公司的经营业绩，比如销售额和利润等。这个部分提供了公司的大致情况，但没有历史情况的分析。如果要更好地了解公司的经营成果，投资者可以阅读"致股东信"。

致股东信

公司首席执行官的致股东信，一般会描述公司取得的成就以及发展中面临的问题。一般来说，致股东信由公司的公关部或营销部门撰写，对公司所面临问题的描述比较婉转。致股东信中的措辞一般都经过精心选择，以求呈现乐观和积极的印象（请注意，如果你从别的信息来源中知道公司面临的一些问题，一般无法从致股东信中获得更深入的信息）。在阅读致股东信时，投资者应检视该公司的首席执行官是否诚实、正直、坦诚地讨论公司的重要问题。通过字里行间的细节，投资者应保持敏感，关注那些轻描淡写，容易被掩盖的问题——以下的几个关键词应重点关注，在遇到这几个词汇时，投资者应保持警惕：

- **困难**。这个词的出现，意味着公司某一方面运行不顺利，因此，投资者应该在其他报告中寻找这个公司境况不佳的原因——如果在年度报告中没有找到，投资者可以到美国证券交易所委员会的 EDGAR 网站上下载 10-K 报告，以找到公司面临的更多问题和风险。
- **重组**。这个词意味着公司面临严重的问题，目前的模式运行不佳，公司急需解决，相应地，投资者应重点关注公司重组所需的费用。

审计报告

审计报告一般在年度报告的财务报表前面或后面。上市公司请注册会计师来审查他们的会计记录，注册会计师根据审计结果出具审计报告。上市公司的会计记录经审计后并不意味着这个公司所有的交易和文件都检查了，一般来说，审计人员会检查公司交易和文件的一部分，根据审查结果来确定财务报表是否反映了公司当前的财务状况以及公司的会计核算是否遵循一般公认会计原则（GAAP）。如果审计人员认为公司的财务报表真实描述了公司的财务状况和其他情况，将出具无保留意见，意味着公司的财务状况健康良好。

价值投资者寻找那些业绩不佳但预计未来会扭转局面的公司——阅读审计报告是筛选这类公司的第一步。如果审计报告上显示公司在"持续经营"上可能存在问题，这对于公司来说是一个很大的问题，潜在投资者应避免投资这样的公司。同样，如果审计给出了否定意见，投资者也应避免投资。

如果审计出具标准的无保留意见，则说明该公司的财务报表公允地反映了公司的会计核算遵循了 GAAP 原则，财务报表也公允地反映了公司的财务状况。

一般来说，审计报告包含三个部分：

第一部分声明了管理层对财务报表的真实有效性负责，审计人员的角色，是在审计的基础上对财务报表发表意见；

第二部分描述了审计人员如何开展审计公司，审计采用的是 GAAP 标准，根据 GAAP 标准进行审计，审计人员可以对公司财务报表是否不存在重大错报（指那些会对公司财务状况产生重大影响的错报）给出结论；

审计人员会在第三部分出具他们对财务报表的意见，如果在审计过程中没有发现问题，那么他们的审计意见将会是"该公司的财务报表编制符合一般公认会计原则（GAAP）的要求，公允反映了公司的财务状况"；然而，如果在审计过程中发现了问题，那么尽管出具合格的审计意见，审计人员还会增加第四部分描述——谈论他们所发现的问题，潜在投资者应研究这些问题，探讨这些问题能否得到解决。关于这些问题，投资者可以在财务报表附注以及管理层的分析和讨论部分进一步深入了解。

投资者有必要对连续几年的财务报告进行研读，看看公司是否频繁更换会计师事务所。如果公司频繁更换会计师事务所，这是一个预警信号。一般来说，只有公司与会计师事务所之间出现分歧，他们才会结束合作关系。例如，当审计师/会计师与公司的管理层之间对会计记录的呈现持不同意见，或审计师/会计师质疑公司持续发展能力时，公司更倾向于更换审计师。经常更换会计师事务所不是一个好兆头，投资者应进一步分析公司更换会计师事务所的原因——如果不能在 10-K 报告中找到答案，可以致电公司的投资者关系部门询问。

财务报表

财务报表一般放在年度报告的后半部分。财务报表包括资产负债表、利润表、所有者权益变动表、现金流量表。潜在投资者应关注公司的财务报表,看公司财务报表上所展示的财务数据是否与致股东信中描述的良好发展前景一致。如果公司拥有分支机构,那么分支机构的财务数据会和母公司合并在一起,形成的报表称为合并财务报表。表4-1展示了英特尔公司的财务报表。

表4-1 英特尔公司 10-K 报告财务报表

英特尔公司合并利润表

2009-2011年财务报表,单位:百万元(除每股数量)	2011年	2010年	2009年
净收入	$53,999	$43,623	$35,127
销售成本	20,242	15,132	15,566
销售毛利	**33,757**	**28,491**	**19,561**
研发支出	8,350	6,576	5,653
市场费用、一般费用与行政费用	7,670	6,309	7,931
重组和资产减值损失	—	—	231
与收购相关的无形资产摊销	260	18	35
营业费用	**16,280**	**12,903**	**13,850**
营业收入	**17,477**	**15,588**	**5,711**
权益投资净损益	112	348	(170)
利息及其他净损益	192	109	163
税前利润	17,781	16,045	5,704
预估所得税	4,839	4,581	1,335
净利润	$12,942	$11,464	$4,369
基本每股收益	$2.46	$2.06	$0.79
稀释每股收益	$2.39	$2.01	$0.77
加权平均每股收益			
加权每股收益			
基本	$5,256	$5,555	$5,557
稀释	$5,411	$5,696	$5,645

英特尔公司合并资产负债表

2011年12月31日,2010年12月25日 (单位:百万美元,除了票面价值)	2011年	2010年
资产		
流动资产		
现金及现金等价物	5,065	5,498
短期投资	5,181	11,294
营业资产	4,591	5,093
应收账款净值,坏账准备36美元 (2010年坏账准备为28美元)	3,650	2,867
存货	4,096	3,757
递延所得税资产	1,700	1,488
其他流动资产	1,589	1,614
总流动资产	25,872	31,611
物业、厂房及设备净值	23,627	17,899
权益性证券	562	1,008
其他长期投资	889	3,026
商誉	9,254	4,531
无形资产净值	6,267	860
其他上期资产	4,648	4,251
总资产	71,119	63,186
负债及股东权益		

流动负债		
短期负债	247	38
应付账款	2,956	2,290
应计薪酬和福利	2,948	2,888
累计广告支出	1,134	1,007
递延收益	1,929	747
其他应计负债	2,814	2,357
总流动负债	12,028	9,327
长期负债	7,084	2,077
长期递延所得税负债	2,617	926
其他长期负债	3,479	1,426
承付款项与或有负债(见附注 23 与 29)		
股东权益		
优先股,面值 0.001 美元,额定股份 50,未发行	-	-
普通股,面值 0.001 美元,额定股份 10,000;发行在外的股票 5,000 股(2010 年已发行 5,581 股,未偿付 5,511 股)加上股本溢价	17,036	16,178
其他综合收益(损失)	(781)	333
留存收益	29,656	32,919
总股东权益	45,911	49,430
总股东权益+负债	71,119	63,186

英特尔公司合并现金流量表

2009-2011年(单位:百万元)	2011年	2010年	2009年
现金及现金等价物期初余额	**$5,498**	**$3,987**	**$3,350**
经营活动产生的现金流量			
净利润	12,942	11,464	4,369
净利润调整为净现金流量入账			
折旧	5,141	4,398	4,744
股权激励	1,053	917	889
重组、资产减值、资产报废净亏损	96	67	368
基于股份支付安排的超额税负	(37)	(65)	(9)
无形资产摊销	923	240	308
股权投资净收益(净损失)	(112)	(348)	170
资产剥离收益(损失)	(164)	–	–
递延所得税	790	(46)	271
资产及负债变动			
营业资产	–	–	299
应收账款	(678)	(584)	(535)
存货	(243)	(806)	796
应付账款	596	407	(506)
应计薪酬和福利	(95)	161	247
应收所得税与应付所得税	660	53	110
其他资产及负债	91	834	(351)
总调整	8,021	5,228	6,801
经营活动产生的现金流量净值	**20,963**	**16,692**	**11,170**
投资活动产生的现金流量			
投资物业、厂房及设备	(10,764)	(5,207)	(4,515)
收购支付的净现金流	(8,721)	(218)	(853)
购入可供出售金融资产	(11,230)	(17,675)	(8,655)
卖出可供出售金融资产	9,076	506	220

可供出售金融资产到期	11,029	12,627	7,536
购入营业资产	(11,314)	(8,944)	(4,186)
营业资产到期	11,771	8,846	2,543
应收账款的形成	(206)	(498)	(343)
收到应收账款	134	–	–
非市场化股权投资所取得的收益	(693)	(393)	(250)
权益法核算下的投资收益	263	199	449
资产剥离或出售子公司股权形成的收入	50	–	–
其他投资	304	218	89
投资活动产生的现金流量净额	**(10,301)**	**(10,539)**	**(7,965)**
融资活动产生的现金流量			
短期债务的增加(减少)净额	209	23	(87)
政府补助	124	79	–
基于股份支付安排的超额税负	37	65	9
发行长期债务	4,962	–	1,980
偿还债务	–	(157)	–
员工股权激励计划销售股份所得价款	2,045	587	400
普通股回购	(14,340)	(1,736)	(1,762)
支付给股东的股息	(4,127)	(3,503)	(3,108)
其他融资	(10)	–	–
融资活动产生的现金流量净额	**(11,100)**	**(4,642)**	**(2,568)**
汇率波动现金及现金等价物产生的影响	5	–	–
现金就现金等价物增加(减少)净额	(433)	1,511	637
现金及现金等价物年末余额	**5,065**	**5,498**	**3,987**
现金流量信息补充			
本年度支付:			
利息,资本化净额	–	–	$4
所得税,扣除退税	$3,338	$4,627	$943

英特尔公司合并股东权益变动表

2008—2011年末（单位：百万美元，除了股票数量外）	股票数量	金额	其他综合收益（亏损）	留存收益	合计
2008年12月27日	5,562	13,402	(393)	26,537	39,546
综合收益组成（税后）					
净利润	—	—	—	4,369	4,369
其他综合收益（损失）	—	—	786	—	786
总综合收益					5,155
出售员工股权激励计划股份（税后）及其他	55	381	—	—	381
发行可转换债券	—	603	—	—	603
股权激励	—	889	—	—	889
普通股回购	(94)	(282)	—	(1,480)	(1,762)
宣布发放的现金股利（0.56美元/普通股）	—	—	—	(3,108)	(3,108)
2009年12月16日	5,523	14,993	393	26,318	41,704
综合收益组成（税后）					
净利润	—	—	—	11,464	11,464
其他综合收益（损失）	—	—	(60)	—	(60)
总综合收益					11,404

第4章 信息来源

项目					
出售员工股权激励计划股份（税后）及其他	68	644	—	—	644
股权激励	—	917	—	—	917
普通股回购	(80)	(376)	(1,360)	—	(1,736)
宣布发放的现金股利（0.63美元/普通股）	—	—	(3,503)	—	(3,503)
2010年12月25日	5,511	16,178	32,919	333	49,430
综合收益组成（税后）					
净利润	—	—	12,942	—	12,942
其他综合收益（损失）	—	—	—	(1,114)	(1,114)
总综合收益					11,828
出售员工股权激励计划股份（税后）及其他	142	2,019	—	—	2,019
预计与收购相关的股权奖励	—	48	—	—	48
股权激励	—	1,053	—	—	1,053
普通股回购	−653	(2,262)	(12,078)	—	(14,340)
宣布发放的现金股利（0.7824美元/普通股）	—	—	(4,127)	—	(4,127)
2011年12月31日	5,000	17,036	29,656	(781)	45,911

财务报表提供了解公司经营情况和财务状况的途径，这也是美国证券交易委员会要求公司定期提交财务信息的原因。对于价值投资者来说，公司的资产负债表、利润表以及现金流量表是决定是否投资该公司股票的重要因素。资产负债表展示了公司在某一个时间节点上资产、负债以及股东权益的情况。利润表展示了公司在一段时间(一年、6个月或者3个月)内的经营成果，利润表中包含了公司的销售收入、销售成本和销售费用等信息。现金流量表包含了公司在一段时间(一年、6个月或者3个月)内的资金来源以及资金去向的相关信息。收入与费用的差额就是利润，利润与现金流是不同的概念，安然公司、南方保健公司以及世通公司的例子就表明，利润表上的数字可以伪造，但在现金流上任何人都无法作假，最终这三家公司均以破产收场。

所有者权益变动表是连接利润表和资产负债表的桥梁。从上文英特尔公司的例子可以看出，12942美元的净利润计入了留存收益，这个变动体现在所有者权益变动表上。0.7824美元/股的股息已经支付给公司股东，另外，公司还支付了12078美元来回购公司股票。在英特尔公司的例子中，由于支付股利和股票回购，最终计入留存收益的金额有所减少。留存收益的减少在所有者权益变动表上也有所体现，从所有者权益变动表上我们可以看出公司对留存收益的使用情况。关于资产负债表、利润表以及现金流量表，我们将在第5、6和7章详细讨论。

财务报表附注

并非公司的所有信息都在资产负债表、利润表和现金流量表上体现，财务报表附注会对资产、负债、收入、费用等项目进行进一步的阐述和信息补充。财务报表附注是对财务报表中资产、负债、收入、支出等项目的进一步阐述。

例如，公司的或有损失不在财务报表中体现，而是在财务报表附注中体现。在或有事项部分，投资者应关注公司是否为他人的负债提供担保，是否有在某些条件下投资某些项目的承诺，是否具有诉讼结果不确定的未决诉讼(特别是律师指出的可能对公司利润产生重大影响的诉讼)，是否为应收账款的出售和转让提供担保，以前年度的税收欠款是否存在，等等。

附注披露了公司的核算资产的方法（例如，存货的核算有先进先出法、后进先出法、加权平均成本法等），在成本的分配上也有不同方法（比如折旧方法有直线法和加速折旧法等）。表4-2说明了英特尔公司收入确认和产品保修的会计政策。

表4-2 10-K报告中的合并财务报表附注

英特尔公司合并财务报表附注

产品保修

由于产品质量较好，我们所售出的大部分产品的保修率和赔偿率都比较有限，报告期内，产品保修所引起的相关费用未见显著增长。除了产品测试的原因，产品出货与检测和修正之间的时间内，相关费用出现显著增长，应付账款的历史支付率和相关费用并未显著增长。

收入确认

我们在交易完成后确认收入，用来确认收入的主要依据是让渡所有权以及客户验收。

我们会记录价格补贴，如果我们给了客户折扣，那么我们在确认收入时会将折扣金额从应收账款和收入净额中扣除。由于产品销售价格频繁下降，行业技术快速过时，我们一般会与经销商签订价格保护协议，或者允许经销商退货，或者在经销商售出相关产品之后再确认收入。如果采用的是允许经销商退货的模式，经销商可以将其库存的产品更换为其他产品；如果采用的是价格保护的模式，在库存商品价格出现下跌时，我们会给经销商补足差额。

我们会在资产负债表上确认出货给经销商所形成的递延收益。

我们会把卖出商品的运费从营业收入中抵扣，同时计入销售成本。

麦克菲杀毒软件业务的收入一般会递延，并在使用期间按照一定的比例计提。网上订购业务的收入一般也会递延，也在使用期间按照一定比例计提。专业服务业务的收入，在该服务已经完成或者客户已经认可的情况下进行确认。对于具有不同因素的业务，如某项产品既包括软件许可也包括维护费和服务费，在确认收入的时候，会根据不同的因素进行分配。如果我们所提供的产品不包括实物，仅包括维护费和服务费，收入应在使用期间内计提。与各项业务有关的直接成本，应该在同样的时间内进行递延和摊销。

投资者还应关注附注中披露的公司相关的重要合同项目、股票期权计划、租赁合同以及养老金计划等。

一般来说，财务报表编制和对外公布之间具有时间差，在这几个月时间里，公司可能发生重大事项，导致前面编制的财务报表无法体现公司的财务状况，这意味着公司应修改财务报表。

由于财务报表附注一般放在年度报告的后部分，并且打印的字体也较小，相对不显眼，因此比较容易被投资者忽略。然而，财务报表附注对财务报表中列出的项目进行了详细解释，为公司潜在投资者提供了很多有用的信息。

管理层的讨论与分析

由于公司管理层对公司的了解比一般的财务报表使用者多，美国证券交易委员会（SEC）强制规定公司管理层披露重要时间以及与公司流动性、经营业绩、资本来源等相关不确定因素。表4-3展示了百思买公司2011年在10-K报告中的管理层讨论与分析，管理层在这部分阐明了公司正面临不利的销售趋势。

表4-3　百思买公司2011年10-K报告管理层讨论与分析

> 与大多数的零售商一样，我们的业务具有明显的季节性。与历史数据对比，我们今年四季度的收入和盈利情况超出大多数年度，主要由于今年的四季度正好是美国、欧洲、加拿大等地的购物季。
>
> 对于一些消费者来说，我们销售的商品是必要的产品，对于另一些人来说可买可不买。因此，我们的经营业绩很容易受到消费者信心变化以及宏观经济因素（比如失业情况、消费信贷情况和住房市场情况）等因素的影响。
>
> 目前，由于持续的经济压力，消费者对于可自由支配的开支保持谨慎态度，因此，顾客流量和销售情况都难以预估。其他直接影响我们经营业绩的因素，是产品生命周期的变化（包括新技术的出现）以及电子产品的零销销售环境。综合以上因素，我们预计未来收入情况比较艰难。为了度过艰难的时期，资本配置、营运资金管理和费用控制仍然是我们的重中之重。通过推出种类繁多的电子产品及配件，提供延长保修、安装和清洁等各类服务、培养优秀的销售人员为顾客服务等，相信我们可以为顾客提供差异化的价值主张。

作为价值投资者,你会想了解百思买公司能否度过这一艰难时期,你也会考虑是否有其他因素会给公司的收入和利润带来负面影响。因此,你会想非常仔细地阅读管理层的分析和讨论。

管理层还对可能给公司造成重大影响的相关事件进行了前瞻性讨论。管理层关于产品、产品质量、客户群体、竞争地位、市场分析等在财务报表中没有体现的非定向信息的讨论,给投资者提供了进一步了解公司的途径。

在投资之前先做足功课

并非所有的公司都按照公司的实际情况编制财务报表,像安然这样的公司就由于财务信息造假而让企业名誉扫地。因此,投资者应通过公司的年度报告和10-K报告挖掘信息,寻找破绽。从审计报告开始,投资者可以寻找导致公司未来不明朗的因素。从致股东信中寻找那些试图掩盖的含蓄的词语,比如困难、难题、挑战等。财务报表通过数据展示了公司的财务状况。根据财务报表上的数字,投资者可以分析公司金融状况的优势和劣势。一般来说,公司都希望财务报表上的数字"好看",起到"装点门面"的作用,这个内容会在下一章进一步讨论。潜在投资者希望通过财务报表附注所提供的补充信息,了解公司的会计政策。最后,管理层的分析和讨论提供了管理层对公司的未来发展不确定性的披露,以及公司面临的问题和其他发展中可能面临的重大问题。

投资者可能还有一些问题需要进一步了解,可以致电公司的投资者关系部门寻求答案,他们会回答你的问题,并告诉你更多的相关信息。

第5章 资产负债表

尽管你可能对会计一无所知，但是阅读完本章之后，你会明白资产负债表中各个项目的基本概念，并能利用这一工具来寻找具有投资价值的股票。

资产负债表所包含的内容

资产负债表是反映企业在某一特定日期（如月末、季末、年末）全部资产、负债和所有者权益情况的会计报表，是企业经营活动的静态体现。资产负债表提供了企业相关的各类信息，包括企业拥有和控制的资源（资产）、需要偿还的债务（负债）以及股东权益（也称为净资产），股东权益等于公司资产减去负债的余额。

资产负债表的基本公式如下：

$$资产 = 负债 + 所有者权益$$

也可以表示为：

$$资产 - 负债 = 所有者权益$$

上面的公式形成所有财务事项和复式记账的基础。

在这个公式中，资产或负债每增加1美元，股东权益也对应地增加1

美元，等式总是保持平衡。资产负债表的公式要求资产与负债的差额与股东权益保持相等。

投资者应该明白，资产负债表描述了资产负债日公司的财务状况，相当于在某一个时刻，对公司的财务状况拍一张"快照"。资产负债表大多每季度或者每年度结束后进行编制。资产负债表日后发生的财务事项，会导致资产负债表的数字发生变化。

从另外一个角度看，资产负债表是一个公司财务状况的静态指标，它概括了特定时间点公司所拥有的各类资产、负债以及股东权益。资产负债表的一个重要性在于，同一个公司的资产负债表可以与往期进行对比，通过对比可以看出公司发展的趋势。例如，通过对比可以发现公司存货的增减、负债的增减、现金数量的变化等。此外，资产负债表的另一个重要特征，是可以用来分析公司资产的真实价值。例如，假设一个公司在50年前购买了一处地产，那么这个地产的购入成本会一直在资产负债表上记录着，而过了50年，这处地产的价格可能已经涨了好几倍，这处地产在资产负债表上体现的价值被严重低估。

资产是企业拥有和控制的，预期为企业带来经济利益的资源。资产可以用来生产商品或者提供劳务，为企业赚取收入。资产包括现金、应收账款（客户欠款）、存货、土地、建筑物、设备、长期投资和无形资产等科目。

负债是企业负担的现时义务。负债包括应付账款、应交税费、应付职工薪酬、应付票据以及长期负债（例如债券）等科目。

股东权益指的是假设公司卖掉所有的资产来偿还债务后所剩下的资本总额，这些剩余资本也被称为所有者权益、净资产或者账面价值。股东权益包括资本科目（普通股和优先股）、实收资本、资本公积以及留存收益等科目。未支付给股东的净利润计入留存收益中。留存收益科目是连接资产负债表和利润表的桥梁，起到维持财务报表总体平衡的作用。

对于潜在投资者来说，分析公司的资产负债表非常有用，因为资产负债表提供了各类信息，包括资产的状态和数量、负债以及股东权益的详细情况。资产负债表可以用来确定公司的回报率，也可以用来评估公司的资产流动性、财务状况的灵活性以及公司的资本结构特征。如前面提到的，资产负债表的主要局限是，它不能反映企业的当前市场价值，因为其记录的资产和负债都是基于历史成本（购置成本）。不过，资产负债表中也有一些科目不以历史成本计量，这些科目是应收账款、有价证券以及一些长期投资。

资产负债表的格式

资产负债表的基本公式是：资产=负债+所有者权益，在列示资产负债表项目时，一般会采用表 5-1、表 5-2、表 5-3 三种格式中的一种。用账户式时，资产列示在左边，负债和所有者权益列示在右边，如表 5-1 所示。

表 5-1　XXXX 年 9 月 30 日，X 公司资产负债表

资产		负债	
流动资产	$100	流动负债	$50
投资	50	长期负债	50
固定资产	100	**总负债**	100
其他资产	50	所有者权益	200
总资产	**300**	负债+所有者权益	**300**

资产负债表也可以按表 5-2 展示的单栏格式列示。

表 5-2　XXXX 年 9 月 30 日，X 公司资产负债表

资产	
流动资产	$ 100
投资	50
固定资产	100
其他资产	<u>50</u>
总资产	**300**
负债	
流动负债	$ 50
长期负债	<u>50</u>
总负债	$ 100
所有者权益	<u>200</u>
负债加所有者权益	**$ 300**

大多数美国公司使用表 5-1 和表 5-2 的格式，一些外商投资者企业会使用表 5-3 格式。你会发现表 5-3 与前面两个表有一点差别，这个表引入了营运资本（流动资产减去流动负债）项目，再减去长期资产和其他非流动资产，最后得到净资产，也就是股东权益。

表 5-3　XXXX 年 9 月 30 日，X 公司资产负债表

资产	
流动资产	$ 100
减：流动负债	50
营运资本	**$ 50**
减：非流动资产	200
总资产减去流动负债	$ 250
减：长期负债	50
净资产	**$ 200**

资产分析

资产包含公司拥有的资源。资产一般划分为流动资产、投资、固定资产（物业、厂房和设备）、无形资产以及其他资产。

流动资产

流动资产指的是指企业可以在一年或一个营业周期内变现的资产。除了现金之外的流动资产，一般可以在一年内或一个营业周期内变现为现金。营业周期指的是企业购买材料、形成产品最终出售得到现金，这个周期所需要的平均时间。

现金

就如普通人也需要在口袋里放一点现金以备不时之需一样，企业也需要维持一定数额的现金。常见的问题是：一个企业需要准备多少现金？太多的现金会导致企业未能充分利用其资源，因为现金无法获得收益。太少的现金则意味着很大的风险，如果网上支付存在隐患或者具有紧急需求时，企业的现金不足，会影响企业的经营。一般来说，如果企业有较多的短期现金，他们会选择投资有价证券，因为有价证券的投资收益会高于银行存款。以下方框展示了克利夫斯自然资源公司合并财务报表（10-K 报告）的附注，披露了现金及现金等价物（有价证券）的情况。

一般来说，有价证券的投资期限较短（一般一年内到期），违约率低，因此安全性较高。截至 2011 年 12 月 31 日，克利夫斯自然资源公司拥有现金及现金等价物共 52100.6 万美元，是 2010 年 12 月 31 日的 3 倍。翻阅该公司财务报表附注可以发现，该公司持有这么多现金及现金等价物的原因，是其以 44.235 亿美元收购了 Consolidated Thompson 公司。

> **财务报表附注（10-K 报告）**
>
> **现金及现金等价物**
>
> 现金及现金等价物这个科目包括企业手头上的现金、银行存款以及流动性强的短期证券。一般来说，如果一项投资的到期时间在 3 个月以内，则流动性较高。我们一般会定期监测和评估短期证券对手方的信用风险。

表 5-4　克利夫斯自然资源公司 2011 年 12 月 31 日合并资产负债表

财务报表及补充数据

合并财务报表

克利夫斯自然资源公司及其子公司

		单位：百万美元
		12 月 31 日
	2011 年	2010 年
资产		
流动资产		
现金及现金等价物	$521.60	$1,566.70
应收账款	304.20	359.10
存货	475.70	269.20
周转材料及其他存货	216.90	148.10
递延税款及可退税款	21.90	43.20
衍生资产	82.10	82.60
其他流动资产	168.30	114.80
总流动资产	1,790.70	2,583.70
地产,厂房和设备	10,524.60	3,979.20
其他净资产		
企业投资	526.60	514.80
商誉	1,151.10	196.50
无形资产净值	147.00	175.80
递延所得税	209.50	140.30
其他非流动资产	191.20	187.90
其他总资产	2,226.40	1,215.30
总资产	$14,541.70	$7,778.20

	单位：百万美元 除了股票数量外	
	2011 年	2010 年
负债		
流动负债		
应付账款	380.3	266.5
应计雇佣成本	144.2	129.9
应交所得税	265.4	103.4
应交州所得税和应交地方所得税	59.1	38.9
低于市价的销售合同—流动部分	52.7	57.1
长期借款中的流动部分	74.8	—
应计费用	165	56.5
累计专利费	77.1	80.2
递延收入	126.6	215.6
其他流动资产	148.1	80.6
总流动资产	1,493.3	1,028.7
退休后福利		
养老金	394.7	284.9
其他退休后福利	271.1	243.1
总退休后福利	665.8	528
环境和矿井关闭义务	222	184.9
递延所得税	1,062.4	63.7
长期负债	3,608.7	1,713.1
低于市价的合同	111.8	164.4
其他负债	338	256.7
总负债	7,502	3,939.5
承付款项与或有负债		
权益		

股东权益		
优先股-无面值		
A 类-3000000 股, 获授权、未发行		
B 类-4000000 股, 获授权、未发行		
普通股-面值 0.125 美元/股		
已授权-400000000 股(2010 年-224000000 股);		
已发行-149195469 股(2010 年-138845469 股)		
流通股-142021718 股(2010-135456999 股)	18.5	17.3
实缴股本高于面值的溢价	1,770.8	896.3
留存收益	4,424.3	2,924.1
回购 7173751 股普通股成本(2010 年-3388470 股)		
其他综合收益(损失)	(92.6)	45.9
总股东权益	5,785	3,845.9
非控制性权益	1,254.7	(7.2)
总权益	7,039.7	3,838.7
总负债+总权益	14,541.7	7,778.2

研读公司的财务报表附注，关注公司的现金使用是否受到限制是非常重要的：如果现金被限制不能用来偿还流动负债，那么公司应将受限的这部分现金从财务报表的现金项目中剔除，并在财务报表附注中标明；如果现金被限制用来偿还长期债务，则被限制的这部分现金应放入财务报表其他项目，而不能放入流动资产项目。

有价证券

有价证券也被称为现金等价物，指的是到期日在一年内的流动证券，以短期投资为目的购买的股票也被归于此类。有价证券以成本和市场价值孰低入账，入账方式会在财务报表附注中体现。

应收账款

顾客用赊购或分期付款的方式购买公司的产品或服务，便产生了公司的应收账款。应收账款一般以票面价值入账,也就是顾客所欠下的金额有多少,账上就体现多少。在应收账款的处理上,有两个比较重要的问题:一是应收账款的分类,二是估值。如果预计款项可以在一年或一个营业周期内收回,则归入流动资产;如果预计在一年或一个营业周期以上收回,则归入非流动资产。估值则比较复杂。每年期末应收账款需要进行减值测试,估计可变现净值,也就是公司预计能够收回的金额,如果可变现净值低于入账金额,则账面价值与可变现净值的差额需要从账上扣除。如果预计无法收回的款项(也就是坏账)达到一定的金额或者比例(一般是4%),那么就对公司发出了危险的信号。

公司可以通过质押或卖出应收账款的方式,尽快收回现金。如果公司存在这些业务,则需要在财务报表附注上披露。质押或卖出应收账款也是一种危险信号。

应收票据和应收账款类似,唯一的区别是,应收票据通常附有书面凭证,承诺在未来的某一个时间点支付一定的金额。那些需要付款展期或具有高风险的投资者经常会开出应收票据,因此应收票据这个项目非常值得关注。如果一个公司的财务报表上出现这个项目,那么你应该关注财务报表附注,评估发行方的风险水平。

潜在投资者会想要确定应收账款占公司的总销售额的比例。如果一个公司试图通过赊账的销售方式提高销售量,应收账款比例过高,那么可能导致公司资金不足,无法扩大业务。此外,潜在投资者还应关注公司的坏账准备占应收账款的比例,以及有哪些坏账已经被免除。

存货

存货包括公司自行生产或者外购用于出售的产品。一般零售商通过购买商品转售赚取利润,因此他们一般只有一个库存账户。生产类公司一般拥有三个库存账户:原材料、在产品以及产成品。公司对库存的管理水平,是公司是否成功的关键。

价值投资者应关注公司的库存余额、库存规模以及库存管理效率。在

第 8 章中，我将会讨论衡量存货周转时间长短的指标，也就是存货周转率。对于那些周转速度很慢的公司，投资者应进一步调查和研究，因为周转速度慢不仅会导致库存过剩，还会导致存货过时的风险加大，以上两种情况都可能导致公司不得不以折扣价格出售。

对于潜在投资者来说，了解企业对库存的核算和计量方法是非常重要的。存货一般根据成本与市价孰低进行计量，而一般的资产是按照历史成本进行计量的，具有一定的差异。如果存货的市价下跌到低于其成本，那么存货在账上的金额要调低至市价，以反映存货的损失。这个规则可以防止存货的金额低于净售价。

克利夫斯自然资源公司的存货情况如表 5-4 所示。我们可以看出，该 2011 年该公司的存货水平相对 2010 年上涨了 76%，从 2.69 亿元上涨到 4.76 亿元。克利夫斯自然资源公司的存货 85% 为铁矿石，11% 为煤。从表 5-5 可以看出一些估值详细解释。

表 5-5 克利夫斯自然资源公司合并财务报表中关于存货的说明

存货

下表展示了 2011 年 12 月 31 日以及 2010 年 12 月 31 日克利夫斯自然资源公司的存货情况

单位：百万元

类别	2011 年			2010 年		
	产成品	半成品	总存货	产成品	半成品	总存货
美国铁矿石业务分部	$100.2	$8.5	$108.7	$101.1	$9.7	$110.8
加拿大东部铁矿石业务分部	96.2	43	139.2	43.5	21.2	64.7
北美煤矿业务分部	19.7	110.5	130.2	16.1	19.8	35.9
亚太铁矿石业务分部	57.2	21.6	78.8	34.7	20.4	55.1
其他	18	0.8	18.8	2.6	0.1	2.7
合计	$291.3	$184.4	$475.7	$198.0	$71.2	$269.2

美国铁矿石业务分部

美国铁矿石业务分部的库存商品采用成本与市价孰低的原则,而铁矿石的成本按照后进先出法(LIFO)进行计量。2011 年和 2010 年存货的当前成本和按照后进先出法计量成本之间的差额分别为 1.17 亿美元和 1.12 亿美元。截至 2011 年 12 月 31 日,美国铁矿业务分部的存货期末余额出现下降,导致 2011 年存货清算的出现。在后进先出法的计量方式下,存货库存降低,使得 2011 年该业务分部在综合收益合并报表中存货的销售成本和经营费用下降了 1520 万美元。存货层的清算。存货库存的下降使得 2010 年在合并综合收益报表中经营费用下降了 460 万美元。

在 2011 年和 2010 年,分别有大约 120 万吨和 80 万吨产成品存放于五大湖的港口中。我们在将货品的所有权转移给客户(通常是收到付款时)前,维持对存货的所有权。我们将铁矿石存货放在港口有助于减少收款风险,因为我们会等到付款之后再发出货品,同时实时追踪存货的动向并盘点存货的数量。

加拿大东部铁矿石业务分部

球团矿按照成本与成本与市价孰低计量。和美国铁矿石业务分部类似,加拿大东部铁矿石分部也采用后进先出法。2011 年和 2010 年存货的当前成本与按照后进先出法计量的成本之间的差额分别为 2190 万美元和 250 万美元。截至 2011 年 12 月 31 日,加拿大东部铁矿石业务分部的球团矿存货上涨到 4710 万美元,导致存货层的增加。截至 2010 年 12 月 31 日,加拿大东部铁矿石业务分部存货的期末余额上涨到了 4350 万美元,也导致存货层的增加。我们对存货的拥有和控制权一般会保持到港口卸货为止。

铁精矿存货按照成本与市价孰低计量。铁精矿的库存成本采用加权平均成本法。截至 2011 年 12 月 31 日,铁精矿的期末余额为 4910 万美元,主要由于对汤普森综合公司的收购。对于数量庞大的铁精矿库存来说,我们在会在收到提货单之后,确定销售收入,转移所有权,而提货单的时间一般与港口的装载时间有关。

北美煤矿业务分部

北美煤矿业务分部的产品采用成本与市价孰低计量。煤矿库存的成本包括人工、设备和经营管理费用及其他费用。存货成本采用平均生产成本的计算方法。在煤矿装入煤车到达销售终端卸货后,才会确认销售收入。根据成本与市价孰低法计量,在 2011 年和 2010 年的综合收益报表中,存货的销售成本和销售费用分别为 660 万美元和 261 万美元。以上费用是这段时间业务运营和地质问题综合作用的结果。

亚太铁矿石业务分部

亚太铁矿石业务分部的存货按照成本与市价孰低计量。存货的成本包括固定成本和变动成本,我们根据适当的方法将成本分配到每一个存货,一般采用加权平均法。我们一般会在交货点之前维持对存货的所有权。

铁矿石库存的账面价值下降，主要由于市场价格下降，这在财务报表附注上已注明。存货的估值也受到期末存货核算方法的影响：先进先出法、后进先出法以及平均成本法计算出来的存货库存余额都不同。

克利夫斯自然资源公司采用后进先出法作为存货发出的核算方法，这意味着最新采购或生产的存货可以最先与收入进行匹配，换句话说，最先出售的是那些刚刚采购或生产出来的产品。当价格上涨时（通胀），最新生产或采购的产品最先出售，这会导致毛利率和净利润下降，利润下降则会给企业带来税收优惠。然而，在资产负债表中，库存商品按照成本与市价孰低计量，当商品价格上涨时，存货的价值一直被低估。

因此，在商品价处于上涨趋势时，采用后进先出法，与收入配比的商品成本一直是最高的。当价格处于下行趋势时，采购后进先出去，与收入配比的商品成本一直是最低的。

先进先出法（FIFO）意味着最早采购或者生产的产品最先与收入配比，换句话说，最早购买或采购的商品最先出售，这样，资产负债表上所体现的存货期末余额包含的最新采购或购买的产品的比例较高，所体现的余额也与当前成本较为贴近。但先进先出法的缺点是，当价格处于上升趋势时，这种方法会导致净利润的夸大。

一般来说，公司所采用的会计方法会在财务报表附注中披露。投资者应注意公司是否在高通胀的时期更换计量方法。此外，在核算库存时，还应关注库存数量与销售数量之前的关系以及库存商品的流通速度，这些方面我们会在第 8 章进行更充分的讨论。

预付费用

预付费用是指那些在预先支付和计量的费用。例如，如果企业一次性支付了 18 个月的房租，那么会计在做账的时候需要反映已经支付但实际上尚未产生的费用。一般而言，预付费用占流动资产的比例较小。

其他流动资产

递延税款是指递延税款是指由于税法与会计制度在确认收益、费用或损失时的时间不同而产生的会计利润与应税所得之间的时间性差异,克利夫自然资源公司这一部分的金额很小。衍生金融资产包括该公司买入进行套期保值的铁矿石和煤矿等期货合约所产生的成本。该公司在附注中说明了买入期货合约主要是为了对冲商品、外汇和利率的价格波动风险。

克利夫自然资源公司 10-K 报告中的财务报表附注

衍生金融工具

在公司持续运营过程中,我们面临着一定的风险,这些风险包括大宗商品、利率和汇率波动的风险,为此我们已经制定了相关的规章和制度,其中包括使用衍生工具来对冲这些风险。详情见附注 3——衍生工具和对冲工具详细信息。

长期资产

长期资产是指那些持有超过一年的资产,包括投资、物业、厂房及设备、无形资产以及其他资产。

投资

一个公司投资的资产有不同的类型,包括股票、债券等长期持有的证券,投资的土地和建筑物、关联公司或偿债基金以及养老基金等。企业的这些投资一般会长期持有,不会在短时间内出售。企业短期持有的投资一般会归入流动资产的有价证券项目。

潜在投资者希望在公司的 10-K 报表得到企业的长期投资是否盈利的相关信息(这些投资的公允价值是否高于成本)。如果企业长期投资的公允价值低于成本,那么企业将面临减值损失。因此,投资者应重点关注减值的幅度。

物业、厂房及设备

物业、厂房及设备科目包括公司用于正常业务运营的土地、建筑、设备和其他生产工具。这类资产一般以历史成本计量，并在资产的使用周期内折旧。土地是一个例外，因为土地不需要被折旧，且一般以成本计量，如果一个公司在多年前购置土地，那么在资产负债表中，土地很可能被大大低估。

折旧是指在固定资产使用寿命内，按照确定的方法对应计折旧额进行系统分摊；换句话说，折旧就是有条理地将资产的成本分配到使用周期的各个阶段。折旧的费用会在利润表中反映，当折旧期结束后，资产可以置换，并进入下一轮折旧周期。

折旧的方法多种多样，最基本的两种类型是直线法和加速折旧法。直线法计提折旧又称为平均年限法，是指将固定资产按预计使用年限平均计算折旧，均衡地分摊到各期的一种方法。采用这种方法计算的每期（年、月）折旧额都是相等的。加速折旧法又分为很多种，但其原理都是前面的年限折旧的金额较大，后面的年限折旧金额逐渐减小。加速折旧法会导致早期的折旧费用较大，从而导致利润减少，不过也减轻了缴纳税款的金额。因此，潜在投资者应关注公司的财务报表附注，了解公司通过更换折旧方法的方式进行利润操纵。

关于折旧的另外一个需要注意的点是，建筑物的折旧年限比设备和电脑等长。因此，多年前购买的老旧的建筑物在资产负债表上可能已经完全折旧，但仍存在隐藏的价值。表5-6展示了克利夫自然资源公司的折旧方法。2011年和2010年，除了对一些矿山采用双倍余额递减法进行折旧外，克利夫斯自然资源公司对大部分资产主要采用直线法进行折旧。在财务报表附注中，应特别关注的一点是，该公司在2011年的土地资产增长超过一倍，从2010年的30.19亿美元上涨到2011年的79.18亿美元。

表 5-6 克利夫斯自然资源公司 10-K 报告附注

物业、厂房及设备

美国铁矿石及加拿大东部铁矿石

美国铁矿石公司和加拿大东部铁矿石公司的相关物业均以成本列示。厂房与设备的折旧基于预计可使用年限采用直线法进行计算,预计可使用年限不得超过矿山寿命。北岸矿业、铁燧岩公司、帝国矿业、狄尔登矿业和沃布什矿业公司,则对一些采矿设备采用双倍余额递减法进行折旧。

资产类别	折旧方法	预计可使用年限
建筑	直线法	45 年
采矿设备	直线法/双倍余额递减法	10 年—20 年
加工设备	直线法	15 年—45 年
信息技术	直线法	2 年—7 年

北美煤矿公司

北美煤矿公司的相关物业均以成本列示。厂房与设备的折旧基于预计可使用年限采用直线法进行计算,预计可使用年限不得超过矿山寿命。各个资产的预计可使用年限如下表:

资产类别	折旧方法	预计可使用年限
建筑	直线法	30 年
采矿设备	直线法	2 年—22 年
加工设备	直线法	2 年—30 年
信息技术	直线法	2 年—3 年

亚太铁矿石公司

亚太铁矿石的相关物业均以成本列示。固定资产的折旧基于预计可使用年限采用直线法或产量法进行计算,各资产的预计使用年限如下表:

资产类别	折旧方法	预计可使用年限
厂房与设备	直线法	5 年—10 年
厂房与设备及采矿设备	产量法	10 年
汽车、家具及设备	直线法	3 年—5 年

下表展示了 2011 年 12 月 31 日及 2010 年 12 月 31 日各个资产折旧后的账面价值：

单位：百万元

	12 月 31 日	
	2011 年	2010 年
土地权和采矿权	$7,918.9	$3,019.9
办公室及信息及技术设备	67.0	60.4
建筑	132.2	107.6
采矿设备	1,323.8	628.5
加工设备	1,441.8	658.8
铁路设备	164.3	122.9
电力设施	57.9	54.4
港口设施	64.1	64.0
在建工程利息资本化	22.5	19.4
土地改良	30.4	25.0
其他	43.2	36.0
在建工程	615.4	140.0
	11,811.5	4,936.9
折旧和损耗备抵	(1,356.9)	(957.7)
	$10,524.6	$3,979.2

从克里夫自然资源有限公司的 2009 年末至 2011 年 3 年的合并运营综合报表中可以看出，该公司的折旧费用分别为 2.378 亿美元、1.654 亿美元和 1.206 亿美元。

成本资本化并且列为土地使用权和矿产使用权的，代表我们不仅拥有其表面，还拥有矿产。土地使用权的分为三种，一是仅仅拥有表面，二是拥有表面和矿产，三是仅拥有矿产。

我们的北美煤矿业务分部通过租赁协议，从第三方获得煤矿开采权，该租赁协议的到期日是租约到期日或者煤矿开采完的日期，二者中比较早的那一天。我们对煤矿储量的计量采用先进流量折现法。我们基于未来现金流的流入，进行折现，估计煤矿储量的现在的公允价值。

需要注意的是，物业、厂房和设备在资产负债表（见表5-4）上是以净值体现的，也就是说已经用成本扣除了折旧。因此，潜在投资者应关注财务报表附注，关注资产的使用年限，折旧程度，也应关注企业已经老旧的设备是否需要重置，重置成本高不高。

无形资产

无形资产是指企业拥有或者控制的、没有实物形态的可辨认非货币性资产，主要包括商誉、专利、版权和商标等。当一个公司收购另外一个公司，并且收购公司出具的价格高于被收购公司可辨认资产的账面价值时，两者的差额就形成了商誉；也就是说，商誉就是公司可辨认资产的溢价。过去处理商誉的方法是，根据其使用使用寿命进行分摊，现在则是在商誉发生减值的时候进行减记。克里夫斯自然资源公司的财务报表附注中注明，该公司从2010年至2011年间收购了汤姆逊联合公司，因此商誉的金额大幅上涨。

一个公司所拥有的商誉，赋予了这个公司销售和生产特定商品的权利。一个公司拥有的版权，赋予了这个公司注册该产品的独家销售权的权利。专利、版权以及商标等，都是通过政府注册的，如果其他公司想要获得商标、版权等的使用权利，那么他们需要向商标和版权的拥有者支付一定的费用。

表 5-7　克利夫自然资源公司 10-K 报告财务报表附注

附注 5-商誉、其他无形资产及负债

商誉

　　商誉就是收购方付出的买价与被收购方的可辨认净资产公允价值的差额，差额就是被收购方不可辨认的净资产公允价值，也即收购方愿意付出的溢价。一般来说，商誉无须摊销。根据收购预计将产生的协同效应，我们将由于收购产生的商誉分配到不同的会计报告主体。一般来说，我们的报告主体是一个业务分部或者是业务分部下独立生产、财务独立的分支，他们需要将资本开支、投资计划和生产计划作为日常管理的一部分。我们已经确定将亚洲太平洋铁矿公司和铁合金经营分部合并为一个报告主体，布鲁姆湖铁矿和沃布什矿业以及加拿大东部铁矿石业务分部作为一个报告主体，科罗拉多州洛根县煤矿和北美煤矿作为一个报告主体，北岸煤矿和美国铁矿石业务分部作为一个报告主体。在每年的第四季度末，商誉被分配到各个报告主体，并测试是否存在减值迹象。同时还应检查是否存在账面价值无法收回的情况，2011 年公司不存在这样的情况。

　　在 2011 年四季度末我们对商誉进行年度减值测试之后，根据账面价值与公允价值的对比，我们确定，与科罗拉多州洛根县煤矿报告主体有关的商誉出现 2780 万美元的减值。公允价值是根据现金流贴现模型以及同类企业的估值水平共同决定。经济环境对煤炭价格的影响、新开发煤矿即将投入生产将带来额外的成本、随着年份的增加，科罗拉多州洛根县煤矿的维护成本也将增加，在以上原因的共同作用下，未来现金流入预计有所减少。除了科罗拉多州洛根县煤矿报告主体外，其他报告主体均不存在商誉减值的情况。下表总结了 2010 年和 2011 年商誉分配到不同业务分部的情况。

第5章 资产负债表

单位：百万美元

	2011年12月31日						2010年12月31日					
	美国铁矿石分部	加拿大东部铁矿石分部	北美煤矿分部	亚太铁矿石分部	其他	合计	美国铁矿石分部	加拿大东部铁矿石分部	北美煤矿分部	亚太铁矿石分部	其他	合计
期初余额	2.00	—	27.90	82.60	80.90	196.50	2.00	—	—	72.60	—	74.60
企业合并产生的	—	983.50	−0.10	—	—	983.40	—	3.10	27.90	—	80.90	111.90
减值	—	—	−27.80	—	—	−27.80	—	—	—	—	—	—
外汇折算影响	—	—	—	0.40	—	0.40	—	—	—	10.00	—	10.00
其他	—	−0.40	—	—	—	−0.40	—	—	—	—	—	—
期末余额	2.00	986.20	−0.00	83.00	80.90	1,152.10	2.00	3.10	27.90	82.60	80.90	196.50

2011年12月31日商誉的期末余额增加，主要由于2011年收购了汤姆逊联合公司后，将9.84亿美元的商誉分配所致。根据公司合并报告，2011年和2010年公司的商誉分别为11.52亿美元和1965万美元。请见附注4——收购及其他投资获取更多信息。

负债分析

负债即公司所承担的债务。在一年内到期的债务称为流动负债，一年以上到期的债务称为长期负债。公司无力偿还负债可能导致公司面临破产的窘境。

流动负债

流动负债包括应付账款、应付票据、应交税费、应计负债和长期负债中将于一年内到期的部分。应收账款是指企业因购买商品和接受劳务供应等经营活动而应在一年内支付的款项。预计负债是指企业应承担的，但在资产负债表负债日尚未支付的款项，例如，假设一个公司在周五支付员工的工资，而周三就是资产负债日了，那么该公司应在周三确定企业应该支付的金额，这就是预计负债。长期负债中的流动负债部分是指长期负债中将于一年内或一个营业周期内偿还的部分。

一般来说，公司的财务报表附注会注明公司负债的细节。

投资者应如何看待流动负债

流动负债一般被认为是公司自助信用的表现形式。当一个公司可以在购买商品和接受服务时享有 30 天的延迟支付时间时，这个公司就拥有了免费使用商品或接受劳务 30 天的权利和免费占用相关资金的权利。因此，一般来说，公司保持一定的流动负债是好事，但流动负债不应高于公司所能承受的短期债务水平。

长期负债

公司的长期负债要求公司必须于到期支付本金和利息。长期负债主要包括应付票据、应付债券、抵押贷款、资本租赁债务等。2010 年至 2011

年，克利夫自然资源公司的负债规模翻番。

对于一个公司来说，多大规模的债务算太多

一个公司拥有多少的债务规模才是合适的？这是价值投资者始终关注的问题。正如上文流动负债部分讲到的，对于一个公司来说，适当规模的负债对于公司的经营有利，因为企业可以用别人的钱来开展自己的业务，这也就是人们常说的"财务杠杆"。当借入负债的成本低于公司的收益时，财务杠杆有助于公司发挥优势，放大回报。但反过来，如果公司的负债成本高于收益率，那么损失也会被放大。

负债融资的另外一个方面是，如果一个公司承担了过多的债务，那么公司可能在到期日偿还本金和利息时面临难以偿还的窘境。资产负债率这个指标将会在第 8 章讨论，此外，第 8 章还会讨论到如何运用趋势分析和行业对比，来确定公司合适的资产负债率，价值投资者对这个可能比较感兴趣。

表 5-8 展示了克里夫自然资源有限公司的负债、到期日、利率水平、总票面金额和长期债务总金额。该公司的负债从 2010 年的 17.13 亿美元上涨到了 2011 年的 36.09 亿美元，负债金额几乎翻番，主要由于该公司介入了 2016 年到期、利率为 1.4% 的债务 12.5 亿元以及 2021 年到期利率为 4.875% 的债务 7 亿元。克利夫自然资源公司的养老金债务在 2011 年增长了差不多 1 亿元，其中包括该该公司为员工制定的退休金计划而形成的递延退休金负债。

表 5-8　克利夫自然资源公司 10-K 报告中关于长期负债的财务报表附注

附注 7：负债和信贷融资

以下是我们对 2010 年 12 月 31 日及 2011 年 12 月 31 日公司长期负债的总结

单位：百万美元

2011年12月31日

	类型	平均年利率	最终到期日	总票面价值	长期负债总价值
12.5亿美元定期贷款	浮动利率	1.40%	2016	972.0(6)	897.2(6)
7亿美元2021优先票据，利率4.875%	固定利率	4.88%	2021	700.00	699.3(5)
13亿美元先先票据	固定利率	4.80%	2020	500.00	499.1(4)
5亿美元2020优先票据，利率4.80%	固定利率	6.25%	2040	800.00	790.1(3)
8亿元2040优先票据，利率6.25%	固定利率	5.90%	2020	400.00	398.0(2)
4亿元2020优先票据，利率5.90%					
3.25亿美元私募可转换优先票据					
2008A系列–A部分	固定利率	6.31%	2013	270.00	270
2008A系列–B部分	固定利率	6.59%	2015	55.00	55
17.5亿美元信贷额度：		—			
循环贷款	浮动利率		2016	1750	—(1)
合计				5447	$3,608.70

续表:

单位:百万美元

类型	平均年利率	最终到期日 2011年12月31日	总票面价值	长期负债总价值
10亿美元优先票据:				
5亿美元 2020优先票据、利率4.80%	固定利率	4.80%	2020	500.00	499.0(4)
5亿美元 2040优先票据、利率6.25%	固定利率	6.25%	2040	500.00	491.3(3)
4亿美元 2020有限票据、利率5.90%	固定利率	5.90%	2020	400.00	397.8(2)
3.25亿美元私募可转换优先债券					
2008A系列-A部分	固定利率	6.31%	2013	270.00	270.00
2008A系列-B部分	固定利率	6.59%	2015	55.00	55
6亿美元信贷额度:					
循环贷款	浮动利率	—	2012	600	—(1)
合计				2325	$1,713.10

股东权益

股东权益不仅仅是一个公司资产与负债的简单差额。近年来关于金融权益概念的提出，模糊了权益与负债之间的区别，使得收入的计量变得较为困难。企业所承担的负债，需要在未来支付利息和偿还本金，而权益，则不需要承担这些义务。公司的股东需要承担公司最终的风险和所有的不确定性（包括投资尽失的风险），但当公司获利时，股东也拥有分配利润的权利。股东权益是股东投资金额与公司留存收益相加的和，股东享有的是公司剩余权益（也就是总资产减去总负债）的索取权，而不是某些特定资产。当公司盈利时，股东权益上升；但如果公司持续亏损，则股东权益会慢慢减少，最终减少至零。股东权益主要由三个部分组成，分别为实收资本、资本公积和留存收益。

股本

许多大型公司会发行多种种类的股票，但在发行股票时，每一个公司都应发行普通股。普通股股东在公司解散时并不确保获得股息，更不确保获得资产。然而，普通股股东是公司剩余权益的拥有者，如果公司的财务状况良好，那么普通股股东也能获利。公司也可以发行两种类型的股票，分别为A类股和B类股。当公司宣布破产时，A股股东和B股股东拥有同样的权利，两者唯一的区别在于表决权：A股股东拥有表决权，B股股东不具有表决权。同一公司发行两种普通股股票的目的在于，既可以扩大筹资范围，又能保证某些控股公司用较少的投资来控制公司。

优先股

公司可以发行特殊类别的股票，如优先股。优先股股东拥有优先获得股息的权利：在公司给优先股股东支付股息后，才能给普通股股东支付股息。优先股股东不具有表决权。克里夫自然资源公司已获授权发行两类优先股，但该公司并未发行。因此，我们可以看到在该公司的资产负债表上优先股客户的金额为零。

资本公积

资本公积是在公司的生产经营之外，由资本、资产本身及其他原因形成的股东权益收入。一般不必太过关注这个科目。

留存收益

留存收益是指企业从历年实现的利润中提取或留存于企业的内部积累，它来源于企业当年及历年的生产经营活动所实现的净利润。除净利润外，由于公司重组或者会计政策调整和变更导致的以前年度损益调整，也会影响留存收益。

公司亏损会导致留存收益的减少，支付的股息也会减少，同时也不利于一年年度损益调整和库存股的交易。库存股是指股份有限公司已发行的股票，由于公司的重新回购或其他原因且不是为了注销的目的而由公司持有的股票。一般来说，公司不会将库存股当作一项资产，库存股会减少公司的股东权益。价值投资者希望公司的留存收益一年比一年增加，这样股东也能收益。因此，从技术上说，留存收益越高，属于股东的利益也越高。随着留存收益的增加，公司有更多的股息支付给股东，对公司的股票也具有积极影响。

反过来，当公司留存收益下降，负面效应更为凸显，负的留存收益，对于潜在投资者来说是一个危险信号。

总结

表5-9总结了资产负债表的主要关键点。

表 5-9 资产负债表要素总结

展示了公司在特定时间点的财务状况
列举了公司拥有资产的种类和数额
列举了公司的流动资产（现金、应收账款和存货）
展示了公司的固定资产成本（土地、建筑和设备）
展示了固定资产的累计折旧金额
列举了公司应付给供应商的流动负债及其他负债
列举了公司的长期债务
展示了公司股东对公司投资的金额
展示了公司的留存收益

第6章 利润表

价值投资者通过研究一个公司的利润表,来确定这个公司经营是否成功,此外,利润表还被用来确定公司的盈利能力、信誉和公司价值。请记住,收入的核算伴随着很多的假设,并允许使用各种会计准则,这也导致利润操纵的情况一直存在。多年来,许多公司通过利润操纵来夸大公司的收入和例利润,骗取投资者的投资。纵观历史,即使是经验丰富的高级管理人员,在接手新的公司时有时也难以发现欺诈性的财务报表。2012年11月20日,惠普公司将对软件公司Autonomy的收购价格从110亿美元压低了80亿美元,因为Autonomy公司涉嫌夸大收入和利润。另外一个财务报表利润操纵的例子是世通公司,该公司将通过夸大收入和瞒报费用操纵利润,最终崩溃破产。

收入在利润表中非常重要,因为它提供了对未来现金流量以及时间点和风险等重要信息预测的基础,但收入相对于现金流来说更容易被操纵。

一般来说,一个盈利情况好的公司就是一个成功的公司。

你可能记得发生在21世纪初期的互联网泡沫,那些拥有良好的经营思路和未来充满希望的公司,尽管当时利润不佳,但股票价格仍然飙涨。当互联网泡沫被戳破后,那些没有盈利能力的公司不得不歇业。

当价值投资者研究资产负债表,发现一家公司的股票可能被低估时,下一步就应关注该公司的利润表:如果公司不能盈利,那么价值投资者应分析利润表和业务情况，研究该公司当下不能盈利的局面是暂时的，还是在为未来的盈利做准备——如果看不到公司扭亏为盈的可能性，那么投资者应远离这类公司，避免投资这类股票；即使对于盈利的公司，价值投资者也需要分析公司的利润表，以确定该公司能否持续经营，盈利能否持续，确定该公司是否通过一次性出售资产而获得暂时的利润。

要分析一个公司的盈利能力，首先应了解该公司是否具有竞争优势，因为，只有具有竞争优势的公司才具有持续和长久的收入和盈利能力。在苹果 5 和迷你 Ipad 推出时，苹果公司的股价从 700 美元高点跌至 500 美元水平，因为投资者认为苹果推出的新产品与之前推出的产品并没有太大的不同，不存在创新点。然而，苹果公司的股票价格跌到 500 美元之后便停止了下降，因为苹果公司产品的销量不但没有下降，反而由于欧洲、亚洲及其他新兴市场需求的增加而出现大幅增长。

另外一个典型的例子是英特尔公司，该公司未来发展面临巨大的挑战。由于收入和利润增长的不确定性，英特尔公司的股票价格从年度高点下降了 23%。英特尔公司并未推出适用于平板电脑，如 Ipad、Nexus 7 和 Kindle 以及智能手机等产品的芯片。英特尔公司面临着转换战略的问题：英特尔是否应该开始为其他电脑生产芯片？生产芯片可能会给公司带来收入的增长，但会导致销售毛利率的下降。英特尔的另外一个策略选择是，致力于推广有利于降低芯片功耗的 3-D 三维晶体管 "Tri-Gate"。在该晶体管的研发和生产方面，英特尔远远领先于其竞争对手。如果你认为英特尔公司拥有的这项技术可以成为未来销售收入和利润的 "催化剂"，那么你应该趁着股票价格低迷的时候，买入该公司的股票。许多英特尔公司股票的持有者选择继续持有该公司的股票。在他们等待股票价格复苏期间，该股票的股息率为 4%。

利润表包含什么内容

利润表包含了特定时间段内公司的收入、销售货物的成本、费用、利得和损失、利润或亏损等信息。资产负债表展示的是公司在特定时间点上的财务状况,而利润表则对一段时间公司的收入和支出进行计量。利润表并不包含任何的现金流入和流出的相关信息。

利润表的四大元素分别为:收入、费用、利得和损失。分辨收入与利得,费用与损失的差别是非常重要的。表6-1展示了利润表的报表格式。

表6-1 截至20XX年12月31日的年度基本利润表

截至20XX年年末的年度利润表	
销售收入	$20,000
销售成本	8,000
毛利	12,000
经营费用	
广告费	$250
销售费用	750
折旧	200
工资	2,000
保险	500
经营费用合计	3,700
非经常项目前收益	8,300
设备销售收入	4,000
卡车销售损失	-3,500
净非经常性损益	500
息税前收益	8,800
利息支出	200
税前利润	8,600
税费	3,400
净利润	$5,200

收入

收入是指企业在日常活动中所形成的、会导致所有者权益增加的、非所有者投入资本的经济利益的总流入，包括销售商品收入、劳务收入、让渡资产使用权收入、利息收入、租金收入、股利收入等。由于折扣和退货情况的存在，因此收入的确认和计量不是一件容易的事情。一般情况下，如果交付货物后购买方从不支付相应款项，那么卖出方就不能确认收入，同样，收入的确认并不意味着公司已经收取了现金。那么问题来了，收入应该在何时确定？关于如何收入何时确定的问题上，首先要防止管理层有机可乘，通过收入确定的"自由裁量权"而夸大利润。会计界已经有很多关于确认收入必须遵循的准则。以下是其中的一部分，这也凸显了收入确认的复杂性。

◆ 收入只有在实现和赚取的情况下才能得以确认。收入实现是指商品或服务转换成现金或账面资金。收入赚取是指公司已经完成了必需的交易行为从而获得了收取收益的资格。

◆ 如果一个公司某年中销售某种产品，并与买方签订协议，承诺在下一年回购该产品，那么在第一年内这个公司不能确认收入，因为从本质上看，交易并没有发生。

◆ 如果一个公司销售的产品允许退货，特别是当退货率较高时，问题就出现了。在这样的情况下，应满足几个条件才能确认收入。当退货率较高时，利润表上的收入和利润都应相应调减，以反映退货所可能造成的影响。然而，大多数公司都不会透露他们的退货率，而只列示净销售额（也就是总销售额减去退货）。

◆ 如果一个公司销售了商品，并且有义务为买家进一步提供特定的服务，那么该公司不能在商品卖出时确认全部收入。

- 如果一个公司将一批货物运送给零售商，零售商在卖出商品之后，再向该公司支付相应款项，那么该公司在零售商销售完商品后，才能确认收入。

- 安然公司和世通公司都曾利用关联方交易来夸大收入。根据会计准则规定，当一个公司向其附属公司销售商品时，该公司不能确认收入——这类交易被列为资产转移事项。

- 如果买方对卖方的产品感兴趣，卖方不能以未来可能发生交易为理由确认收入——只有等到对方真正发生交易时才能进行收入的确认。

- 投资者应该注意的另外一个问题是，应注意将收入中的票据部分分离出来。当一个公司从银行借入1000美元，该公司确认了应付票据1000元，该票据属于现金票据。同样，如果一个公司卖出一项资产（如土地或设备），这项资产并非公司日常经营业务中的生产的产品，那么，卖出这项资产的所得不能计入营业收入，而应计入利得。

- 如果一个公司在某一财政年度年底收到了10000美元的存款，而该项资金实际上是下一个财政年度某一项劳务服务的付款，那么该公司不应将该笔资金确认为本年度的收入，该公司在下一年提供完相应的劳务之后，才能确认收入。

- 如果一个公司借钱给另外一个公司，该公司购买本公司的产品，这是给投资者的一个报警信号。两个公司之间的交易可能是虚假交易，因为借钱购买商品的公司可能永远都不会还钱。这也是朗讯科技公司用于提高销售额所使用的伎俩，并不构成实际上的销售——第8章将讨论投资者应如何甄别和分析这类情况。

价值投资者想投资于那些销售增长率见长和具有发展潜力的公司，那么，他们应关注公司的财务报表附注，因为一般公司会在附注中说明该公司确认收入的相关政策。表 6-2 展示了克利夫斯自然资源公司从 2009 年到 2011 年的利润表。该公司 2009 年到 2010 年期间收入增长了 100%，2010 年到 1011 年期间增长了 45%。由于中国等新兴市场及欧洲地区和美国地区的市场情况不佳，该公司在 2012 年和 2013 年收入将出现不同幅度的下降。

表 6-2　克利夫斯自然资源有限公司利润表（10-K）

克利夫斯自然资源及旗下子公司			
	单位为：百万（每股金额除外）		
	截至 12 月 31 日		
产品销售及服务收入	2011 年	2010 年	2009 年
产品	$6,551.5	$4,416.8	$2,216.2
运输费用及风险合伙人成本补偿	242.6	265.3	125.8
	6,794.3	4,682.1	2,342
商品费用和经营费用	(4,105.7)	(3,155.6)	(2,030.3)
销售毛利	2,688.6	1,526.5	311.7
其他经营收入(费用)			
销售费用, 一般费用及管理费用	(274.4)	(202.1)	(117.6)
勘探成本	(80.5)	(33.7)	—
商誉减值	(27.8)	—	—
汤姆逊联合公司收购成本	(25.4)	—	—
杂费(净)	68.1	20.5	42
	(340.0)	(256.3)	(75.6)
经营收入	2,348.6	1,270.2	236.1
其他收入(费用)			
控股权益购并所得	—	40.7	—
外汇合约公允价值的变更(净)	101.9	39.8	85.7
利息收入	9.5	9.9	10.8

利息费用	(216.5)	(70.1)	(39.0)
其他非经营收入(费用)	(2.0)	12.5	2.9
	(107.1)	32.8	60.4
税前持续性经营收入以及股权投资损益	2,241.5	1,303	296.5
所得税费用	(420.1)	(293.5)	(22.5)
股权投资损益	9.7	13.5	(65.5)
持续性经营收入	1,831.1	1,023	208.5
非连续性经营损失,税后净额	(18.5)	(3.1)	(3.4)
净收入	1,812.6	1,019.9	205.1
另:不具控制力股权收入	193.5	—	—
归属于克利夫斯自然资源公司股东的净利润	$1,619.1	$1,019.9	$205.1
归属于克利夫斯自然资源公司股东的普通每股基本收益			
持续性经营	$11.68	$7.56	$1.67
非连续性经营	(0.13)	(0.02)	(0.03)
	$11.55	$7.54	$1.64
归属于克利夫斯自然资源公司股东的稀释后普通股每股收益			
持续性经营	$11.61	$7.52	$1.66
非连续性经营	(0.13)	(0.02)	(0.03)
	$11.48	$7.49	$1.63
平均股票数(单位:千)			
基本	140,234	135,301	124,998
稀释	141,012	136,138	125,751
已宣告每股现金股利	$0.84	$0.51	$0.26

附注是合并报表的组成部分

表 6-3 展示了克利夫斯自然资源有限公司收入确认的相关政策。只有满足了"实现和赚取"原则的条件下,才能确定铁矿石的收入。

表6-3 克利夫斯自然资源有限公司补充财务报表附注1

收入确认以及商品销售费用与经营费用

美国铁矿石

当商品的所有权按照每一项规定允许的那样转移到客户那里，并且所有的收入确认的适用规则都被满足，这时候则说明收入确认。当货款收到的时候，我们大多数美国铁矿石长期供应协议都会说明，所有权以及损失的风险已经转移到了客户那边。

我们视客户的票面总额确认收入，因为我们是通过销售产品以及服务来获得收入。产品销售的收入也包括以客户名义支付的在运输过程中产生的运输杂费，以及从产品收入中剥离出来的风险合伙人的成本。

销售成本

销售成本是指已销售产品的生产成本或已提供劳务的劳务成本。对于制造业企业来说，销售成本包括生产所用的原材料成本、直接人工成本和分配到货物的管理费用。零售行业企业的销售成本较为简单，包括采购成本和运费两个部分。

判断一个公司能否做好生产成本管理，最好的做法是分析其数年内的销售金额。如果公司的商品销售成本增长量超过了合理数量，那么这是公司销售成本管理的一个危险信号。

从表6-2可以看出，克利夫斯自然资源公司将营业费用与销售成本混在一起，这导致投资者无法分析该公司的销售成本在3年期间是否增加、下降或者是维持不变。

毛利

毛利是指公司的收入减去销售成本（见表6-1）。在销售量保持不变的前提下，公司可以通过提高商品的销售价格来增加收入。倘若公司提高了价格，而销售量却下降，可能导致销售收入和毛利均下降。倘若公司调低商品价格，从而提高销售量，销售收入和毛利均可获提高。提高毛利的另外一个方式是削减生产成本。

费用分析

收入是利润表的第一部分，费用是利润表的第二部分。费用是企业在日常活动中发生的会导致所有者权益减少的、与向所有者分配利润无关的经济利益的总流出。费用是企业生产经营过程中发生的各项耗费。费用主要分类两大类：销售费用和管理费用。

销售费用

对于一些公司来说，广告费用占销售费用很大的比例，主要由于媒体的成本较高。一般来说，电视广告的费用很高，但其受众也比较大，因为从单位分配比例来看，其实并不高。此外，公司还会花钱向目标受众推广公司的名称。技术型公司有研究及开发费用。不同行业的研究和开发费用不尽相同。零售行业和金融行业的研发费用一般较少。研究分和分析企业的研发费用趋势，是非常重要的。

管理费用

管理费用包括工资、保险费用、耗材、房地产及设备的折旧费用等。通过分析一个公司几年内的销售费用和管理费用，投资者可以了解公司的费用管理效率。

从表 6-2 可以看出，克利夫斯自然资源公司从 2009 年到 2010 年销售费用和管理费用几乎翻番。2011 年该公司的其他营业费用主要包括商誉减值、勘探费用和杂费。商誉减值是会计事项，并不涉及现金流。尽管 2011 年克利夫斯自然资源公司的营业费用出现了增长，但相对于 2010 年，该公司的营业利润出现上涨。

营业收入

营业收入等于毛利减去营业费用。营业费用是指与销售商品等经营业务直接相关的销售费用和管理费用等。营业利润表示了公司业务运营的结果。克利夫斯自然资源公司的营业收入，从 2010 年的 12.707 亿美元上涨到了 2011 年的 23.486 亿美元，涨幅达到 85%。营业利润显示了公司对经营活动的管理效率以及经营活动所取得的成果。

营业外收入和营业外支出

营业外收入和营业外支出是指与企业日常经营活动无关的收入和支出。公司出售建筑和设备而赚取的利润，属于企业的非经营性资本收益。企业持有其他公司股票而获得的股息和利息，也属于非经营性资本收益。研究标的公司利润表时，应重点关注这些事项，因为有一些公司会通过不同的手段将应计入营业外收入的项目计入营业收入，使得营业利润的数据更为"好看"。

利息支出指的是公司的融资成本。其他的营业外支出包括员工罢工带来的损失、出售物业、厂房和设备的盘亏等。

此外，投资者还应注意区分经常性损益和非经常性损益：经常性损益是指与公司正常经营业务有直接关系以及与正常经营业务相关，影响报表使用人对公司经营业绩和盈利能力做出正常判断的各项交易和事项产生的损益；非经常性损益是指公司发生的与经营业务无直接关系，以及虽与经营业务相关，但由于其性质、金额或发生频率，影响了真实、公允地反映公司正常盈利能力的各项收入、支出。业务终止运营、重大债务重组、会计政策变更等，均属于非经常性损益事项，资产减值和汇兑损益则不属于非经常性损益。

有时，从主营业务中可能无法获得丰厚的利润，为了使得利润表更"好看"，有的公司会通过各种不同的方法来夸大公司的利润，导致利润表无法真实反映公司的经营成果，投资者应该多留心。

表 6-4 展示了克利夫斯自然资源公司 2010 年和 2011 年的利息收入和利息支出。

表6-4 克利夫斯自然资源有限公司10-K报告之财务报表附注

营业外收入及营业外支出

下面是对2011年和2010年其他收入（费用）的一个总结：

单位：百万

	2011年	2010年	顺差（逆差）
收购控股权所得	$ —	$ 40.7	$ (40.7)
外汇合约公允价值的变更（净）	101.9	39.8	62.1
净收入	9.5	9.9	(0.4)
净费用	(216.5)	(70.1)	(146.4)
其他非营业性收入（费用）	(2.0)	12.5	(14.5)
	$ (107.10)	$ 32.8	$ (139.9)

  由于本公司在2010年第一季度收购了Freewest公司和沃布什矿业的剩余股份，之前收购股份公允价值上涨，因此我们在2010年确认了3860万美元的收入。我们之前持有的12.4%的Freewest股份在收购时（2010年1月27日）的公允价值为2740万美元，持有的26.8%沃布什矿业股份在收购时（2010年2月1日）的公允价值为3800万美元。请见附注4——收购及其他投资以获取更多信息。

  由于本公司在2010年第一季度收购了Freewest公司和沃布什矿业的剩余股份，之前收购股份公允价值上涨，因此我们在2010年确认了3,860万美元的收入。我们之前持有的12.4%的Freewest股份在收购时（2010年1月27日）的公允价值为2,740万美元，持有的26.8%沃布什矿业股份在收购时（2010年2月1日）的公允价值为3,800万美元，因此我们在2010年确认了2,500万美元的收入。请见附注4——收购及其他投资以获取更多信息。

  2011年我们出于对冲目的所持有的外汇合约的公允价值产生了有利的变化，主要是由于持有加拿大元的外汇远期合约以及期权的结果。我们的加元外汇远期合约和期权合约从2011年第二季度到2011年12月31日已经产生了9,310万美元的收益。此外，澳元外汇远期合约的公允价值截至2011年12月31日也产生了4,300万美元的收益，其中有一部分是由于有2.15亿元的合约到期了。在这些收益中，有3,490万美元的公允价值变动收益，作为市场调整被确认在前一个年度中，其中，2011年度，澳元远期合约的公允价值变动损益为70万美元，2011年12月31日澳元兑美元的即期汇率为1.02。总体上，2011年澳元兑美元的即期汇率保持平稳走势，2010年底的即期汇率也为1.02左右。

净利润

克利夫斯自然资源公司 2011 年的利息费用是 2010 年的两倍，主要由于公司在 2011 承担了更多的债务。外汇合约的收益为 1.019 亿美元，利息费用为 2.165 亿美元，外汇合约收益抵消了一部分的利息费用。总体上，公司营业外支出为 1.071 亿美元。然而，从克利夫斯自然资源公司的利润表中可以看到，这部分收入与支出和营业收入混在一起，并不能反映该公司真实的营业情况。扣除税收和非持续性经营亏损后，2011 年该公司的净利润为 18.126 亿美元。净利润相对上一年增长了 78%，主要由于销售额的增长。销售成本和营业费用也相应增加。毛利从 2010 年的 15.65 亿美元上涨到 2011 年的 26.586 亿美元。2011 年的营业收入为 23.486 亿美元，2010 年为 12.702 亿美元。对于投资者来说，了解净利润数据的计算过程远远比知道这个数重要。

净利润是非常重要的一项指标，每股收益是用净利润除以股数得到的。归属于普通股股东的每股净收益，是用净利润除以发行的普通股数量得到的。克利夫斯自然资源公司将每股收益分为持续净经营业务和非持续性经营业务两部分。此外，利润表还计算了基本每股收益和稀释后每股收益。在稀释基础上计算的流通股股数，大于计算每股收益时所采用的股数。

总结

利润表所提供的关键信息，在表 6-5 进行了总结。

表6-5 对利润表所呈现内容的总结

总结了特定时期内公司的收入和支出
对一定时期内客户的收入进行计量
对原材料成本、人工成本和制造费用进行计量
对毛利润(销售收入减去销售成本)进行计量
对销售费用、一般费用和管理费用进行计量
对营业利润进行计量(息税前收益)
对借入资金的成本进行计量
计算税收金额
计量特定时期内的盈利情况(净利润)

第7章 现金流量表

无论是资产负债表还是利润表，都无法记录公司业务现金的流入和流出，现金流量表的作用，就是记录在一个会计年度内公司的现金收入以及现金支出情况。利润表中的净利润和现金流量表中的现金余额很有可能不同，因为现金回收的时间节点或者折旧和摊销的因素会影响到利润表中的净利润，然而，现金流量表中折旧或摊销并不产生现金的流动，所以利润表中的净利润并不代表公司就拥有相应金额的现金。同样，因为折旧或摊销并不产生现金的流动，在利润表中显示净亏损的企业，也不代表这其现金流是负数。下面关于税息折旧及摊销前利润的解释就能够很好地说明，即使是净亏损的企业，现金流也可能是正数。

税息折旧及摊销前利润：现金流和净利润

税息折旧及摊销前利润，简称 EBITDA，是 Earnings Before Interest, Taxes, Depreciation and Amortization 的缩写，即未计利息、税项、折旧及摊销前的利润，也是测试公司真正盈利能力的最好方式。在现实中我们经常会看到，长期亏损企业的 EBITAD 是正数。

计算 EBITDA 的第一步，就是计算出息税前收入即营业收入。折旧、摊销、分摊以及其他非现金费用，都可以加回到这个科目中。如果这个数据是正数，则意味着公司仍然有能力支付利息以及其他相关的费用；如果 EBITDA 是负数，就表明该公司需要借钱或者发行新股筹集资金以维持运营。

参考第 6 章表 6-2 所示，克利夫斯自然资源公司的 EBITDA 为 25.071 亿美元，计算方法如下：

营业收入	22.415 亿美元
加回非现金支出	
商誉减值	0.278 亿美元
折旧	2.378 亿美元
EBITDA	25.071 亿美元

克利夫斯自然资源公司 2011 年的 EBITDA 数值可能还不是特别精确，因为营业收入科目掺杂许多的费用支出。同样，递延支出同样也不发生现金的流动，所以也不需要加入计算范围。克利夫斯自然资源公司的折旧费用在其财务报表的备注部分可以找到，本书的第 5 章表 5-8 也有举例。尽管有些发生净亏损公司的 EBITDA 值可能为正数，但是价值投资者不能因此就觉得该公司会成功：如果其还是不能获得足够的净利润，那将不得不出售自己的产业和设备，缺乏现金流的公司，也就变成了一个空壳子。

现金流

现金流是在某个时间内公司业务产生的现金流入、现金流出及其总量情况的总称。为了计算出现金流的数值，非现金支出或是非现金的流入都要从净利润科目中剔除。非现金的支出（折旧、摊销、递延费）和收入都与现金流无关。这也解释了为什么公司在净亏损的情况下有现金流上的盈余。

现金流更进一步可以精确到自由现金流。自由现金流量（Free Cash Flow，FCF）是指企业经营活动产生的现金流量扣除资本性支出（Capital Expenditures，CE）的差额。产生自由现金流能力小的公司缺乏灵活性，这些缺点也会体现在其股价上。

现金不像利润一样容易被操纵

在2000年到2003年经济萧条时期，许多公司都开始人为操纵自己公司的利润。南方保健公司的CEO在其认罪书里承认，其在1999年到2002年期间虚增了14亿利润。世通公司也通过将费用支出资本化虚增了利润——这些虚假纳入资本化的费用，本来应该在发生的会计年度认作费用支出，但是被资本化之后却被按照资产的年限进行折旧，这就直接减少了企业的费用、增加了资产价值。荷兰公司阿霍德也虚假增加了其利润，虽然投资者都认为阿霍德公司作为一个超市零售业公司，其业务非常简单和直观，并不容易像业务复杂的行业（如电信业）一样进行利润虚增。

分析师更愿意通过现金流来分析公司经营的好坏，因为现金流不像利润一样容易操纵。现金流充足率（CFAR）能够更精确地评估公司的实际情况。

现金流量充足率是经营活动产生的现金流量净额与未来5年内需要偿还长期负债额均值之比，该指标可综合反映企业的持续经营能力和获利能力。托马斯·霍恩在下面的例子中使用CFAR对安然公司在破产前现金流产生能力进行了评估。

安然公司 1996 年到 2000 年的 CFAR 分析

	2000 年	1999 年	1998 年	1997 年	1996 年	合计
收入	100,789	40,112	31,260	20,273	13,289	205,723
支出	98,836	39,310	29,882	20,258	12,599	200,885
息税前利润	1,953	802	1,378	15	690	4,838
折旧、摊销	855	870	827	600	474	3,626
税息折旧及摊销前利润	2,808	1,672	2,205	615	1,164	8,464
现金利息支出	834	678	585	420	290	2,807
税费现金支出	62	51	73	68	89	343
资本支出	2,381	2,363	1,905	1,392	864	8,905
净自由现金流	(469)	(1,420)	(358)	(1,265)	(79)	(3,591)
权益投资(1)	933	722	1,659	700	619	
	(1,402)	(2,142)	(2,017)	(1,965)	(698)	(8,224)

因为非现金支出的折旧和摊销加回到 EBITDA 中，安然公司的账务表现在这 5 年里都十分出色。但是当我们把税务、利息、资本支出从 EBITDA 中减去，你会发现 EBITDA 的现金流是负的，这也意味着安然公司根本没有现金去支付 5 年内要到期的债务、债务利息、股利以及对子公司的投资。安然公司与子公司之间有大量的交易，这些交易抽走了安然的现金流。从这个分析我们可以发现，为何安然公司的管理层要去做大量工作去掩饰公司的巨大债务问题。安然公司的债券和股利分红如下：

股利分析:						
普通股	368	355	312	243	212	
优先股 2	17	17	17	17	16	
优先股 A&B	66	49	0	0	0	
	451	421	329	260	228	1,689
到期债券分布						
第 1 年	2,112	670	541			
第 2 年	750	569	413			
第 3 年	825	432	66			
第 4 年	646	494	182			
第 5 年	1,592	493	656			
总计	5,952	2,658	1,858			
平均	1,190	532	372	NA	NA	

安然公司 5 年的净自由现金流一直都是负数,所以 CFAR 分析的意义就不大(因为比率都是负数)。投资者必须意识到一个 CFARs 为负数的企业,经营肯定有问题。CFARs 值在 0 到 1 之间的公司,说明该公司没有足够的现金满足公司运营的现金支付,需要借入资金。CFARs 值高于 1 的公司,则能够满足公司大部分的现金支出。投资者在使用 CFARs 指标时,应该观察其几年的趋势,而不要单独去看某年的指标,因为有些公司某一年的现金流可能很高,但是另一些年 CFARs 会是负数。

上面我们阐述了在财务报表分析中不能仅仅依靠资产负债表上的内容,分析现金流也十分重要。现金流量表中现金的变化能解答以下三个基本的问题:

1. 公司为运营支付的现金来源于何处?
2. 在同一时期,公司的现金支出是多少?
3. 资产负债表中现金余额 3 到 5 年的趋势变化是什么?

现金流量表的格式

制作现金流量表的方法有两个,一个是直接法,指直接确定每笔涉及现金收支业务的属性,形成经营、投资、融资三部分的现金收支项目。第二个方法,也是运用更为广泛的方法,就是间接法。间接法编制现金流量表的基本原理,就是以企业报告期内按照权责发生制计算的净利润为起点,经过对有关项目的调整,转换为按照收付实现制计算出来的企业当期经营活动产生的现金净流量的方法。

这种转换可以分三步进行:

第一步,以权责发生制下的净利润(即"利润表"中的净利润)为起点,剔除非经营活动所产生的利润,将"净利润"调整为经营活动产生的净利润(权责发生制)。

第二步,通过对经营活动中与利润有关但与现金无关的项目进行调整,将权责发生制下的经营活动的净利润调整为"收付实现制下的净利润"。

第三步,通过对经营活动中与利润无关但与现金有关的项目进行调整,将"收付实现制下的净利润"调整为"经营活动所产生的现金净流量"。

现金流量表中用以下三个科目来归纳现金流的变化:

1. 经营活动产生的现金流。
2. 投资活动产生的现金流。
3. 融资活动产生的现金流。

确定经营活动产生的现金流

◆ 用净利润加上所有的非现金费用:折旧、摊销以及递延费用等,这会增加现金流量。

◆ 将前一个会计年度的流动资产与本年度的流动资产进行比较。流动资产的增加代表着现金的使用,这会减少现金流量。

◆ 本期流动资产的减少意味着现金来源的增多，这会增加现金流量。

◆ 将本期的流动负债科目与上期资产负债表中的流动负债进行比较。流动资产的增加意味着现金的增加，这会增加现金流量。

◆ 本期流动负债的减少意味着现金的使用增加，这会减少现金流量。

这个科目统计了公司每天运营现金流变化，以净利润为原点加上或者减去经营活动中产生或支出的现金流。例如，某公司的存货值高于去年，并且存货是以现金的形式购买，那么就产生了经营现金流的流出。当所有需要调整的科目冲抵了净收入之后，总的经营活动现金流是正还是负，就显而易见了。为什么经营活动现金流如此重要？一个正数的经营活动现金流，说明公司能够从每天的经营业务中获得净现金流。一个负数的经营活动现金流，则说明公司的经营收入不足以支撑公司的经营支出，需要从投资活动现金流和金融活动现金流中获得补给。经营活动现金流由营运资金产生。价值投资者应该避免选择经营现金流长期为负数的公司，如同前面安然的例子。

确定投资活动产生的现金流

现金流量表第二个归类科目就是投资活动现金流，主要包括固定资产和其他长期资产的购买和销售产生的现金流动。下面交易属于投资活动现金流的范畴：

◆ 使用现金购买土地、建筑和大型设备，属于投资活动现金流出

◆ 出售土地、建筑和大型设备获得的现金，属于投资活动现金流入

◆ 使用现金购买长期投资品（如其他的股票、债券），属于投资活动现金流出

◆ 出售长期投资品（如其他的股票、债券）获得现金，属于投资活动现金流入

◆ 使用现金收购和投资于其他资产，属于投资活动现金流出

这个科目显示了公司在长期和固定资产上投资行为的增加和减少。出售资产能够获得现金流，购买土地、房屋和大型设备则属于资本支出。大额的资本支出说明公司是为了以后的潜在发展做准备。比如，公司投资于一些土地厂房说明公司准备扩大自己的销售量和生产能力。一般而言，成长型公司的投资活动现金的流出，远远大于投资活动现金的流入。当一个公司的投资活动现金流为正数时，它是出售了自己的长期资产，意味着该公司的股票不再适合未来长期持有。

价值投资者应该关注现金流量表中公司到底是在出售资产还是在购买资产。当一个公司投资购买大量资产时，投资者需要在备注中找到该投资的具体原因和前景如何。如果投资者觉得该公司的投资十分具有前瞻性，那么投资于该公司的股票便是一个很好的选择。

确定融资活动产生的现金流

融资活动可以募集更多资金用于公司的日常运营，这一科目主要包括了公司在融资活动的现金流入与流出，典型的交易包括：

- ◆ 现金支付债券利息和本金，融资活动现金流的流出
- ◆ 发行债券募集现金，融资活动现金流的流入
- ◆ 现金回购自己公司股票，融资活动现金流的流出
- ◆ 发行新股或优先股募集资金，融资活动现金流的流入
- ◆ 支付股票红利，融资活动现金流的流出

融资活动产生的现金流，主要包含发行股票债券、现金支付股利、偿还债务、回购公司股份等活动。当一个公司近几年一直在通过发行股票和债券融资，说明该公司无法从经营活动中获得足够的现金流来支撑公司自身的运营，除非该公司累积现金为了收购其他公司或业务板块。

在融资活动现金流这个科目中，其最终数值总是在正负之间交替。一些有充足现金流的公司，可以通过偿还债务或提高股利的支出，来降低自

己的融资活动现金流的值；另一方面，当公司紧缺资金时，公司又会通过发行新股和债券来措资资金。

突然停止支付股利的公司，股票一般都会暴跌，这就给了价值投资者们投资的机会：找到那些市场价低于该公司实际价值的股票，就有机会投资获利。当一个公司停止支付股利时，有可能是公司出现了问题，也有可能是为了筹集资金。学会分析停止支付股利背后的原因，对于价值投资者而言十分关键。

还有一项内容是公司在跨国交易换汇产生的损益，一般而言这个损益金额很小。

最终赢利（或亏损）：现金增加还是减少

汇总三个科目现金流的变化，能够得出当年的现金流数值，将这个数值加上期初现金值，就能得出今年最终的期末现金数值。当现金余额增加时，公司可以利用手上的现金为将来的业务做更好的铺垫。

克利夫斯自然资源公司现金流量表分析

表7-1所示是克利夫斯自然资源公司从2009年到2011年公司现金流量表。请使用上面我们提到的方法分析该公司的现金流入和流出。下面现金流量表上和资产负债表（表格5.1）上的现金科目完全不同。

	2011年	2010年	差别
现金和现金等价物	$521.6	$1,566.7	($1,045.1)

在表7-1的现金流量表第三行到最后一行显示，2011年的现金及现金等价物比2010年下降了10.451美元。

表7-1的第一部分显示了该公司在这年中经营活动现金流的流入和流出。非现金科目，如折旧、摊销和递延所得税费用，都加回到净利润中。2011年的现金流为19.573亿美元，而2010年为13.737亿美元，现金流的上升也说明克利夫斯自然资源公司在有更多现金能够用于投资和融资活动

中。2011年经营活动现金流为22.888亿美元，而2010是13.20亿美元，2011经营现金流的来源主要是净利润、折旧、应付账款的增加以及应付费用。2010年的大部分现金收入来源主要是净利润和折旧。

2011年投资活动现金流为53.044亿美元，而2010年是13.677亿美元。2011年投资活动主要是收购了汤姆逊公司以及购买了一些土地和厂房设备。通过公司的10-K表，我们可以找到管理层对于2011年这些大型投资的预想和规划。

克利夫斯自然资源公司管理层讨论

成长策略以及战略交易

在2011年里我们继续提高了公司经营规模，并且作为一个国际自然资源以及矿业公司，我们的重心仍然在整合各种资源以及提高公司的执行力上，为此我们公司在2011年3月12日收购了汤姆逊公司。

此次收购反映了我们公司扩大规模并拥有持续的炼钢原料资产以供应国际市场的战略目标。通过对汤姆逊公司的收购，我们公司在加拿大魁北克布鲁姆湖旁边拥有了自己的铁矿山，并能产生高品质的精铁矿。武汉钢铁公司拥有该矿山的25%的股份。最初对于布鲁姆湖矿山的计划，是每年生产800万吨精铁矿，我们管理层准备在2012年1月对其增加资金投入，以促使其产量能够上升到每年1600万吨。我们还拥有了另外两个在开发中的矿山，即魁北克Lamêlée矿山和Peppler湖矿山。这三个矿山都接近于目前我们加拿大的其他产业，我们能够很好地利用自己的港口优势，将这些铁矿石通过海运的方式进行销售。这次收购也着力于拓宽目前公司的客户群体。

除了收购了汤姆逊公司之外，在业务报表中我们也提到了公司目前还有很多正在进行的资本项目，我们相信这些项目能够通过优异的表现、多元化的客户群、增加公司资产组合，为公司带来长久而又稳定的增长。纵观2012年，我们将会继续加强公司的全球化整合，使公司形成一个更加综合的管理结构。

我们也希望加强与小型矿业公司合作，通过一起参与矿山早期的勘探和开发，以更低的成本获得更多的资源储备。

第 7 章 现金流量表

如果克利夫斯自然资源公司收购汤姆逊公司的理由让潜在投资者所信服，并同样对该公司具有信心，那么对于该投资者而言，其股价显然被低估了。

2011 年经营活动产生的 22.888 亿美元现金流，都用于了投资活动中（总投资为 53.044 亿美元），也意味着该公司仍然需要通过融资活动去募集剩下部分的资金，所以 2011 年公司通过融资发行普通股和债券（高级票据和短期贷款）活动产生的现金流为 19.751 亿美元。有一部分现金用于偿还短期或者长期的债务（如汤姆逊公司的债务）以及公司应发放的股利分红，但是，通过融资募集的现金流仍然不能支持在投资活动的现金流支出（差 5.235 亿美元），只能用上个年度所剩下的现金，所以 2011 年资产负债表上的现金余额由 2010 年的 10.451 亿美元下降到了 5.216 亿美元。

克利夫斯自然资源公司在过去 3 年中一直在通过债务和股份进行融资，投资者必须明白，这种行为是不可持续的，必须注意其中的风险——在第 8 章我们将继续讨论该公司的债务的问题。

表 7-1 克利夫斯自然资源公司及其控股子公司现金流量表

单位：百万

	截止到 12 月 31 日		
	2011 年	2010 年	2009 年
经营活动现金流			
净利润	$1,812.6	$1,019.9	$205.1
调整项：			
折旧、摊销、损耗	426.9	322.3	236.6
商誉减值	27.8	—	—
衍生品及外汇对冲	(69.0)	(39.0)	(204.5)
换汇损益	(6.2)	39.1	(28.1)
以股份为基础的补偿	13.9	12.5	10.1

企业投资损益(税后)	**(9.7)**	(13.5)	65.5
养老金损益	**(26.3)**	8.7	27.3
递延所得税	**(66.6)**	15.2	60.8
递延收入以及销售合同的变化	**(146.0)**	39.3	(33.4)
收购控股权收益	—	(40.7)	—
其他	**(0.1)**	9.9	3.8
经营性资产和负债的变化			
应收账款和其他资产	**81.4**	(204.6)	(24.2)
存货	**(74.5)**	61.2	7.7
应付账款和预计费用	**324.6**	89.7	(141.0)
经营活动净现金流	**2,288.8**	1,320.0	185.7
投资活动			
收购汤姆逊公司的现金支出	**(4,423.5)**	—	—
收购股权的现金支出	—	(994.5)	—
加拿大外汇合约交割净额	**93.1**	—	—
投资于汤姆逊公司的票据	**(125.0)**	—	—
购买土地、设备、厂房	**(880.7)**	(266.9)	(116.3)
投资于其他公司	**(5.2)**	(191.3)	(81.8)
投资于市场股票	—	(6.6)	(14.9)
卖出市场股票	—	32.5	5.4
出售资产收入	**22.4**	59.1	28.3
其他投资活动	**14.5**	—	—
投资活动净现金流	**(5,304.4)**	(1,367.7)	(179.3)
融资活动			
发行普通股净现金流	**853.7**	—	347.3
发行票据净现金流	**998.1**	1,388.1	—
贷款	**1,250.0**	—	—
偿还贷款	**(278.0)**	—	—
过桥信用贷款	**750.0**	—	—
偿还过桥信用贷款	**(750.0)**	—	—
循环信贷融资借款	**250.0**	450.0	279.7

循环信贷融资偿还	(250.0)	(450.0)	(276.4)
债券发行成本	(54.8)	—	—
偿还汤姆逊公司的可转债	(337.2)	—	—
偿还2亿元借款	—	(200.0)	—
股票回购支付	(289.8)	—	—
普通股分红	(118.9)	(68.9)	(31.9)
其他贷款偿还	(1.0)	(16.7)	(9.7)
其他融资活动	(47.0)	(14.9)	(4.7)
融资活动净现金流	1,975.1	1,087.6	304.3
汇率对现金的影响	(4.6)	24.1	13.0
现金以及现金等价物的变化	(1,045.1)	1,064.0	323.7
期初现金以及现金等价物	1,566.7	502.7	179.0
期末现金以及现金等价物	$ 521.6	$ 1,566.7	$ 502.7

总结

现金流量表的关键点，如表7-2所示。

表7-2　现金流量表的主要因素

总结现金账户在该会计年度内的主要现金的流入和流出
计算出会计年度内非现金支出
计算经营活动的现金支出和流入
计算长期资产买卖的现金支出和流入
计算债务借款现金流入和偿还债务的现金支出
计算发行普通股和优先股的现金流入和回购股份的现金支出
计算出现金支付股利分红的支出

第8章 基本面分析

为什么要因为财务报告分析和数字运算而操心投资哪些股票？其实，投资者很容易根据买入、卖出和持有这些分析师所公布的评级对投资做出决策。

决策过程也不是那么简单！从安然、世通公司的破产和其他原因（除了分析师滥用股票分析外）中可得到的教训是，投资者必须自己顾着自己。国家和联邦监管者对于投资银行和他们的分析报告建议存在利益冲突的投行和经纪公司进行罚款。安然和世通公司的事例表明，投资一个产业的龙头企业也不是绝对安全的。

政府和监管者制定法律和法规，希望使得投资者感到安全，但是即使审计者对财务报表的审查很彻底，贪婪的高管仍会被雇佣，董事会仍对管理团队的愿景和行为（例行公事）盖章批准。法律和法规仍然未能使得投资者脱离糟糕的投资和策略家、分析师、高管等的犯罪行为，所以，投资者必须细看财务报表，包括对于那些大公司。价值投资者需要更花功夫去分析财务报表，来寻找有稳健财务结构的公司，而不是听信那些利己的人给出的投资建议。

财务报表分析

正如第 7 章提到的，财务报表分析的基本前提，是查看一个公司的业绩来识别投资机会或者避免投资失误。一般来说，一个公司的股价主要受到公司业绩的影响。进行财务报表分析的好处有很多，你可以：

◆ 分析一家公司的历史盈利，预测其未来收益。

◆ 将历史收益与它的同行企业进行比较，看其业绩的优劣。

◆ 分析公司在某个时期的历史收益，看业绩表现的劣势或其他问题。

◆ 利用公司的历史数据预测未来的收益率。

◆ 评价一个公司应对债务能力的可能性。

企业信息的来源

你会发现许多你想了解的公司信息都可以在财务报表和证券交易委员会（Scurities And Exchange Commission，SEC）的文件中找到——资产超过 1 亿美元、股东人数超过 500 人的上市公司，必须将他们的电子版财务文件呈报给 SEC。你可以在公司的官网上向一个公司的投资者关系部门索取免费的上述文件，或者在证券交易管理委员会数据库（www.sec.gov/edgar.）中下载。

和第 4 章探讨的一样，10-K 表格报告提供了最全面的公司信息。这份报告包括整套的财务报表（经审计的 3 年收入对比表、现金流量表和年终资产负债对比表），还附加了财务报表的备注。仔细阅读备注，通常能发现影响公司运营的重要信息。10-K 报告比报送给股东的年度会计报表更全面：公司可能会强调排除了某些费用的财务结果，这些所谓的财务结果不符合一般公认会计原则（Generally Accepted Accounting

Principles，GAAP），GAAP 是用会计师制作财务表时需要遵循的规则和指导。

当公司在电话会议上公布季度或年度收益和其他事项时，你也可以获得相关信息。

财务报表

如第 4 章，财务报表披露了一个公司的运营和业绩状况，通过分析这些报表，分析师对公司的股票提出投资建议。任何一个公司收益的长期变化，都会影响公司的股利和股价。如果认为盈利会比华尔街的预期更好，就会有更多的投资者买该公司的股票，从而推高股价。同样，如果公司的盈利低于预期，如果投资者认为这是一种长期趋势，他们将卖出所持有的股票，股价面临下降压力。盈利的稳定增长也会提高股利增加的预期，从而提高股价。收益减少的情况则相反。

预测公司的销售和盈利是否与预期相同不是件容易的事，而且，除了财务分析，你还应该考虑一些其他的因素。

很多投资者没有时间和兴趣去研究公司的财务优势和劣势。如果你是他们中的一个，你可以选择很多公开的信息资源，譬如券商报告、标准普尔或价值线的样张（一张提供公司信息的综合表格——译者注）。

然而，对于很多投资者而言，投资一个公司的起点是从呈报给 SEC 的年度会计报表和 10-K 报告中分析财务报表。年度会计报表由独立的注册会计师审计，提供给股东和利益相关方。年度会计报表包括四个财务报表：收益表、资产负债表、留存收益表、现金流量表。

财务报表提供了分析公司财务状况和评价优劣的数据。将过去的数据与同行业的公司相比较，比单独的一张财务报表更能反映出公司的优劣。比率分析能更清楚地反映公司的优劣。

竞争地位分析

公司能否实现其销售和盈利目标部分取决于它在行业中竞争能力的强弱。行业的销售额和收益可能增加，但是如果公司的竞争能力不够，在行业增加销售额中，它所占比例就不大。

公司在行业的竞争能力强弱，由许多因素决定，这些因素是：

◆ 与竞争者相比，公司所拥有的资源

◆ 与竞争者相比，公司的产品范围

◆ 公司现有产品范围的优势水平

◆ 公司研发新产品的创新能力水平

◆ 公司多样化经营的能力

◆ 公司竞争对手的力量

当你分析一个公司在其行业的相对优势的时候，你应该综合考虑以上因素。

管理水平

另一个需要考虑的因素是管理水平。对公司管理水平的评价，往往是财务分析的难点，对于一般大众投资者而言几乎是不可能的。对于管理水平的分析，大部分人能做到的是考察公司历史或者阅读相关的财经报道，例如，高层和中层管理的高离职率表明整个公司的情况都不佳。与管理不善的公司相比，一个管理有效率的公司通常被认为更容易达到销售和盈利的目标。

比如，埃克森石油公司设法使其收益持续增加，甚至在石油价格下跌的时期。此外，埃克森公司还面对着1990年代初埃克森瓦尔德兹号油轮原油泄漏事故带来的负面影响。埃克森公司的管理并未被阻止，仍坚持他们原先的高回报率的投资项目。这一策略支撑了利润的增长，相反，在同一时期，其他很多石油公司做了琐碎无用的投资。

CEO 们的工资与公司的股票表现的关系能反映公司的管理模式。思科公司的股价在 2002 年跌了 32%，而 CEO 的报酬同年下降了 67%。其他公司，包括凯马特、捷迪讯光电、Quest、世通公司的情况当然不一样，甚至当他们的股价显著下降的时候，CEO 和高管们给他们自己奖励额外的工资和奖金。

互联网为个人投资者提供了更简便的途径，去获得有关公司和管理者的信息。如果你想要获得更多的信息，第一步就是访问公司的主页网站。例如，在埃克森公司网站（www.exxonmobil.com），你可以看到公司的销售策略和未来的定位。投资者也能阅览公司的年度和季度报告，阅读管理层讨论部分可以估计未来可能的趋势或者投资。2012 年，埃克森公司报告中加入了"管理层讨论"部分。

你也可以将你的问题发邮件给公司的投资者关系部门职工，他们回复的速度和质量将反映管理层对股东的态度。

基本面分析

基本面分析，即利用公司的财务报表对公司的价值进行判断，判断是依据潜在的收益增长。

基本面分析利用对经济的预测预报来寻找具有销售和收益增加预期的行业。在那些行业的公司决定了投资者所买的股票。

财务报表提供了比率分析的基础，比率分析协助确定公司的优劣势。比率分析使用公司的财务信息，去预测公司是否能达到预期的收益目标。虽然比率分析的计算很简单，但预测和推断却是复杂的。比率分析是一个帮助你选择股票的工具。在财务比率分析中，你能评估一个公司的过去和现在的财务能力。有了下面这些信息，你就可以利用五组比率之一来预测趋势：

- ◆ 流动比率说明资产被转换成现金、支付短期负债的容易程度。
- ◆ 经营活动比率表明资产流动的快慢。
- ◆ 获利比率衡量公司业绩。
- ◆ 杠杆比率表明公司的债务水平。
- ◆ 普通股相关比率揭示股票价格信息。

表 8-1 提供了上述各组中的不同比率，这些比率用来评估一个公司的优势和劣势。

流动资产

流动资产是指那些容易转换成现金或者等同于现金的项目。流动资产更是被公司的债权人所关注，同时他也是潜在投资者关注该公司股票的出发点。流动资产说明了一个公司偿还它的短期债务的难易程度。

流动比率用来衡量公司偿还短期债务能力，是流动资产与流动负债的比值。流动比率表明公司的流动资产对公司流动负债的覆盖范围。

公司的流动资产一般应大于流动负债，在这种情况下，即使流动资产有所减少，公司还能偿还债务。低流动比率，表示公司面临劣势，因为公司也许不能借到额外的资金，或者可能无法出售资产来获得足够偿债现金。然而，对低流动比率的分析也有例外。埃克森公司，石油产业最大的公司之一，在某些年期间，其流动比率降到 1 以下。然而，埃克森公司总是有能力在短期内借钱偿还流动负债。在那些年里，埃克森公司的财务报表中的备注表明，公司拥有与银行的未使用过的短期融资，且可以发行商业票据。潜在的投资者要关注脚注，脚注能提供更多理解财务报表数据的信息。

第8章 基本面分析

表 8-1 评估普通股的框架

	年	年	年	年	年	年	年
公司名称							
流动比率 = $\dfrac{流动资产}{流动负债}$							
速动比率 = $\dfrac{流动资产-存货}{流动负债}$							
应收账款周转率 = $\dfrac{赊购收入净额}{应收账款}$							
存货周转率 = $\dfrac{营业成本}{存货}$							
毛利润率 = $\dfrac{营业成本}{营业收入}$							
营业利润率 = $\dfrac{税前利润}{营业收入}$							
净利润率 = $\dfrac{净利润}{营业收入}$							
股权收益 = $\dfrac{净利润}{所有者权益}$							
普通股收益 = $\dfrac{净利润-优先股股利}{所有者权益-优先股}$							
负债比例 = $\dfrac{总负债}{总资产}$							
偿付比率 = $\dfrac{税前利润}{利息费用}$							
P/E 比率 = $\dfrac{股票的市场价格}{每股收益}$							

每股收益 = $\dfrac{\text{净利润-优先股股利}}{\text{总股本}}$							
股利收益 = $\dfrac{\text{股利}}{\text{股价}}$							
股息分配率 = $\dfrac{\text{每股股息}}{\text{每股收益}}$							
账目价值 = $\dfrac{\text{所有者权益}}{\text{总股本}}$							
P/S 比率 = $\dfrac{\text{每股股价}}{\text{每股销售收入}}$							
P/E 与增长率之比 = $\dfrac{\text{P/E 比率}}{\text{正在率}}$							
现金流							

此外，你不应该单独看某一个时期的一个比率。查看历史的流动比率，你会得到一个趋势，这样更容易看出来，在最近的时期内，流动比率是恶化、保持不变，还是改善了。不同公司的判断标准可能不一样。一般来说，公共事业公司流动比率小于1∶1，但是他们的应收账款情况很好，几乎所有的应收账款都能变现为现金（大多数人会支付公共费用，否则，他们会失去某些权利），公共事业公司的债权人因此不担心流动比率低的问题。埃克斯公司的流动性明显和其他石油公司不一样，这表明这种行业的流动性比例通常在1∶1左右，或者更低。

根据表5-4中的资产负债表，克利夫斯自然资源有限公司的流动比例计算如下：

$$\text{流动比率} = \dfrac{\text{流动资产}}{\text{流动负债}}$$

2011年的流动比率 = \$1,790.7 / \$1,493.3 = 1.2

2010 年的流动比率 = $2,583.7/$1,028.7 = 2.51

2011 年克利夫斯自然资源有限公司的流动比例表明，每 1 美元的流动负债有 1.2 美元的流动资产覆盖。相对于 2010 年的情况（每 1 美元的流动负债有 2.51 美元的流动资产覆盖），2011 年的流动性减少了，这主要是因为过去一年中现金明显减少、流动负债增加。

速动比率是更为精确的衡量流动性的指标，因为它从流动资产中剔除了存货，而存货通常是变现能力最差的流动资产。速动比率一般总低于流动比率，除非公司没有存货。速动比率表明现金和其他流动资产的覆盖水平。速动比率低，表明公司可能在流动性负债到期的时候难以偿付。然而，这种观点不总是对的，因为还有很多其他因素影响一个公司对流动性负债的偿付能力：

◆ 筹集额外长期或短期资金的能力
◆ 债权人对该公司申请债务展期的意愿
◆ 应收账款、存货等流动资产的变现速度

2010 年和 2011 年，克利夫斯自然资源有限公司的速动比率计算如下：

2011 年的

$$\text{速动比率} = \frac{\text{流动资产} - \text{存货}}{\text{流动负债}}$$

$$= (\$1,790.7 - 475.7) / \$1,493.3$$

$$= 0.88$$

2010 年的

$$\text{速动比率} = \frac{\text{流动资产} - \text{存货}}{\text{流动负债}}$$

$$= (\$2,583.7 - 269.2) / \$1,028.7$$

$$= 2.25$$

2010年的速动比率是2.25，这表明流动资产的变现能力不错，能很好地偿付流动负债；然而，到了2011年，速动比率减少到0.88，这表明当克利夫斯自然资源有限公司没有办法额外借款的时候，它的短期偿付能力变差。

经营活动比率

经营活动比率衡量了公司将账款变现为现金的快慢程度，这类比率衡量公司运用资产的效率程度。

应收账款周转率表明一段时期内公司将赊购额转换成现金的次数，从这一比例能看出公司回收应收账款的能力，这一比率由赊销收入净额除以应收账款得出。

应付账款周转率越大，公司的赊销收入净额变现越快。比如，若应收账款周转率为17，说明赊销收入平均回收期为21天（365/17）。

根据表5-4、表6-2中的资产负债表和损益表，2010年和2011年，克利夫斯自然资源有限公司的应收账款周转率计算如下：

2010的应收账款周转率 = 赊销收入净额/ 应收账款

= $4,416.8/359.1

= 12.30

2011的应收账款周转率 = 赊销收入净额/ 应收账款

= $6,551.7/304.2

= 21.54

克利夫斯自然资源有限公司的应收账款周转率，从2010年的12.30次增加到2011年的21.54次；也就是说，2010年，平均回收期为2.67天（365/12.3）；2011年，平均回收期为16.95天（365/21.54）。当平均回收期增加时，投资者们应该提高警惕。

存货周转率衡量的是公司存货在一段时期内的周转次数，表明存货的相对流动性。这一比例能说明存货管理的效率。

存货周转率越好，公司将存货转换为应收账款或现金的速度越快。比如，某公司的存货周转率为7.8，意味着其存货平均周转天数为47天（365天/7.8）；如果该公司的存货周转率升到9，则存货平均周转天数大概是41天（365/9）。

存货周转率的计算如下：

存货周转率＝营业成本/存货平均余额

2010年的存货周转率＝＄3,155.6/＄269.2

＝11.72

2011年的存货周转率＝＄4,105.7/＄475.7

＝8.63

看得出，对于克利夫斯自然资源有限公司而言，2011年存货周转天数为42天（365/8.63），比2010年的31天慢很多。

你不想看到很低的应收账款周转率和存货周转率，因为那样意味着公司的现金被长期占用，这会导致缺货（没有足够的存货去应付订单），进而导致客户不满意。

应付账款周转率表明公司付款给供应商的及时性，这一比率是用进货成本除以应付账款。如果进货成本无法使用，你可以用公司的销售成本减去（加上）存货的减少（增加）值。应付账款周转率表明公司及时付款的相对难易程度。如果某公司的该平均值为净30天，而当其应付周转天数是50天时，你就可知道该公司还有很多账款没有及时支付。框中的材料讨论了一个公司如何粉饰财务报表使得公司流动性看上去更强。

公司如何在年终粉饰资产负债表来改善财务状况

一些公司在年终财务报告表中粉饰他们的资产负债表——很多技巧都是在会计和法律的限制下使用的,其中一个方法是,公司通过减少存货水平、应收账款和应付账款等来减少运营资本。运营资本是指流动资产超过流动负债的部分。运营资本高,表明存货和应收账款占用的资源利用无效率。低水平的运营资本是一个公司有效率和财务强劲的标志,因为这使得更少的现金被存货和应收账款所占用。

一个总部位于伦敦的咨询公司——REL,研究了1000家公司的资产负债表后发现,公司在年终售出更多的产品使得存货减少,到了下一个季度,当客户退货或者减少购买时,存货量又回升了。

同时,公司在年末之前会努力让客户快点付款。REL发现,年终时公司可以将应收款减少2%,而下一个季度则增加5%。

公司在年终付清账款,从而减少他们的应付账款。REL发现,应付账款在年终下降7%,而下一季度上升则12%。假设公司的流动资产总额为50,000美元,流动负债总额为40,000美元,流动比率为1.25。如果公司在会计年度末之前支付10,000美元的应付账款,那么流动资产将变为40,000美元,流动负债变为30,000美元,这将使流动比例从1.25改善为1.33。

存货和应收账款在年终的重大减值,都应该持续到下一季度,我们可在脚注和年度报告的管理层讨论和分析部分找到答案。

公司真的将应收账款销售出去了吗?虽然这在公司中极为常见,但这表明公司正经历着资金短缺。

公司存货水平的增加,是另外一个危险信号,要分析增加在哪里:若是库存商品增加而原材料减少,则标志着公司的销售出了问题;若是原材料增加而库存商品减少,则标志销售正在扩大,公司正筹备增加销售。

盈利能力

公司的利润对投资者来说非常重要,因为它们的收益要么留存,要么支付股利给股东,这都会影响公司的股价。很多评估公司盈利能力的不同指标，都是以销售收入、资产和股东权益为基础的相对收益，这些不同的盈利性比率是衡量公司盈利的相对测度。

以销售收入为分析基础，你可以比较损益表上对收益的测度。将当期的营业收入与前些年的数据相比较，可以看出营业是增加了还是减少了。例如，营业收入较上一年度有所增加，而销售情况是净亏损的，这种情况表明成本显著上升了。你可以去查看一下损益表中是否存在额外的成本被一次性销账了，或者增加的营业成本是否由主营业务产生。如果是后一种情况，你应该质疑管理层控制成本的能力。进行一段时期内的成本的趋势分析，对于评价过程很有帮助。

多个盈利性比率是以营业收入为分析基础的：毛利润、营业利润和净利润。

销售毛利率

销售毛利率是营业收入减去营业成本后的收益占营业收入的比率。销售毛利率不仅反映了公司在该营业成本水平的毛利，还反映了与营业收入相比管理层对成本控制能力。根据表6-2中的数据，克利夫斯自然资源有限公司的销售毛利率计算如下：

2010年的销售毛利率=（营业收入 - 营业成本）/营业收入

=（$4,416.8 - $3,155.6）/4,416.8

= 28.5%

2011年的销售毛利率=（营业收入 - 营业成本）/营业收入

=（6,551.7 - $4,105.7）/6,551.7

=37.3%

销售毛利率从2010年的28.5%上升到2011年的37.3%，主要是因为2011年营业收入增加的幅度比营业成本增加的幅度大，也就是说，2011年的毛利增加了。销售毛利率的减少受到更多关注，因为这可能意味着管理层没有能力控制成本和/或者扩大产品销售。

营业利润率

营业利润率是公司营业利润占营业收入的比率。营业利润是息税前的利润，它的计算包含了营业成本、销售费用、财务费用和管理费用。营业利润率衡量了公司的主营业务利润和公司的营业效率。

克利夫斯自然资源有限公司2010年的营业利润率
=营业利润/营业收入
= $1,270.2/$4,416.8
= 28.7%

克利夫斯自然资源有限公司2011年的营业利润率
=营业利润/营业收入
= $2,348.6/$6,551.7
= 35.8%

营业利润通常是反映公司收益的最真实的指标，因为它剔除了营业外收入、营业外支出和其他一次性损益的影响。克利夫斯自然资源有限公司的营业利润率从2010年的28.7%上升到2011的35.8%，这表示运营成本得到控制，并且公司能够维持销售毛利率的水平。

净利润率

净利润率是用营业收入减去所有费用和所得税后得到的利润占营业收入的比率。净利润率的计算包含了营业外收入、税收和利息费用之类的营业外支出、非常项目损益等等。净利润率的计算如下：

克利夫斯自然资源有限公司2010年的净利润率
=净利润/营业收入
= $1,019.9/$4,416.8
=23%

克利夫斯自然资源有限公司 2011 年的净利润率

=净利润/营业收入

= $1,812.6/$6,551.7

= 27.6%

克利夫斯自然资源有限公司能将净利润率从 2010 年的 23%增加到 2011 的 27.6%。27.6%的净利润率相对于 35.8%的营业利润率的减少，是源于利息费用、税费的增加和其他一次性损失。利息费用的增加是否是危险信号，需要进一步分析。

你可能觉得逐个计算这些利润率不重要，因为通常分析的重点仅放在净利润率上面。这个观念是有误导性的，因为，如果税率、利息费用增加，或者当年发生了一些大型的非常项目，净利润率就会明显发生改变，而营业利润没有发生改变，正如上面分析 2011 年克利夫斯自然资源有限公司的情况：公司在发生营业损失时仍存在净利润，在这种情况下，公司有税额减免或者其他一次性收入，能将营业损失情形变为净利润情形。同样地，如果某时期的净利润率降低了，你可以思考一下其原因。

其他的盈利性衡量指标还包括权益回报率、普通股权益、投资报酬率，这些比率更针对普通股股东，因为他们衡量了股东投资资金的收益。

股权收益

股权收益衡量的是公司的净利润占所有者权益的比率，这一比率表明管理者为克利夫斯自然资源有限公司的股东们的业绩表现如何。根据表 5-4 和 6-2 中的数据，其计算如下：

克利夫斯自然资源有限公司 2010 年的股权收益

=净利润/所有者权益

= $1,019.9/$3,838.7

= 26.5%

克利夫斯自然资源有限公司2011年的股权收益

=净利润/所有者权益

= \$1,812.6/\$7,039.7

= 25.7%

股权收益对股东非常重要。债权人每年从出借款中收到固定的回报，但是普通股股东则没有得到承诺性的回报。普通股股东仅在其他所有的债务付清之后，才能索取剩余收益。因此，股权收益对普通股的股东很重要。

股权收益受到融资债务数额的直接影响，如果一个公司没有任何债务，那么股权收益将会等于公司的投资收益。因为克利夫斯自然资源有限公司在2010年到2011年提高了融资债务，该公司2011年的股权收益比投资收益高。克利夫斯自然资源有限公司的股权收益从2010年的26.5%轻微下降到2011年的25.7%。克利夫斯自然资源有限公司的股权收益应该和同行业的其他公司作比较。

普通股股权收益

普通股股权收益衡量的是一个公司的普通股股东的投资收益。当公司发行优先股时，普通股股东可能更担心普通股收益的部分，而不是总的股权收益。为了确定这一收益，需要在优先股利和发行在外的优先股。

普通股股权收益=（净利润-优先股股利）/（所有者权益-优先股）

克利夫斯自然资源有限公司没有发行任何的优先股，所以这一比率无法测算。

投资回报率

投资回报率衡量的是公司总资产的回报率。

这一回报率将利润和公司的投资联系起来，计算如下（根据表5-4、表6-2）：

克利夫斯自然资源有限公司2010年的投资回报率

=净利润/总资产

= \$1,019.9/\$7,778.2

=13.11%

克利夫斯自然资源有限公司 2011 年的投资回报率

=净利润/总资产

= $1,812.6/$14,541.7

=12.46%

杠杆比率

杠杆是债务筹资的手段。在收入增加的时期，借款可以扩大公司收益的增加。

杠杆衡量债务筹资的作用。虽然杠杆是债权人主要担忧的，债权人用杠杆比率来确定债务水平、约定利息和本金的支付情况。杠杆对普通股股东也很重要。

债务筹资的使用，公司可以增加股东的收益。表 8-2 显示了使用债务筹资可以多大程度提高的公司收益。这个例子说明，随着债务占总资产的比例从 0% 增加到 50%，其股权收益和每股收益分别从 14% 增加到 21%，从 1.40 美元增加到 2.10 美元。

这种增加的情形的发生有以下两个原因：一是公司可以达到了比借款成本高 10% 的收益；二是利息费用是可减税的费用。联邦政府承担了 30%（该例子中石油的税率）的利息费用（50 美元的 30%，就是 15 美元）。

借款增加了股东的收益和每股收益，为什么股东还如此担忧公司借款筹资的债务水平呢？答案是公司背负更多的债务，意味着财务风险和债务成本更大，一旦销售滑落，公司可能难以支付负债利息，这不仅会导致贷款违约而破产，还明显减少了股东的收益和每股收益。当公司增加负债，负债所带来的成本也会增加，这意味着公司的收益必须比负债成本高，不然，杠杆的好处无法体现。当债务水平达到资产回报少于债务成本时，股权收益和每股收益将会下降。

对于普通股投资者，高杠杆率的公司常常意味着高风险，而且需要一个更高的回报率来支持。所需高回报率的增加对股价会有消极效应。不过，若债务水平不增加公司大量的风险，杠杆的使用会增加了股票的价值。

表 8-2 使用财务杠杆的例子

没有杠杆负债的公司			
资产负债表		损益表	
资产	负债	营业收入	$1,000
$1,000	$0	营业成本	600
		毛利润	400
		费用	200
	所有者权益	税前利润	200
		30%税费	60
	$1,000	净利润	140
$1,000	$1,000		
	股权收益=140/1,000=14%		
	每股收益 140/100=$1.40		
*100 股			
杠杆负债率为 50%的公司			
资产负债表		损益表	
资产	负债	营业收入	$1,000
$1,000	$500	营业成本	600
		毛利润	400
		费用	200
	所有者权益	息税前利润	200
	$500*	利息（$500×10%）	50
$1,000	$1,000	税前利润	150
		30%税费	45
		净利润	105
	股权收益=105/500=21%		
	每股收益 105/50=$2.1		

第 8 章　基本面分析

什么是最优杠杆水平

所有公司都是用不同程度的杠杆,一些行业的杠杆也可能超过别的行业。一些行业需要大量投资于固定资产,比如石油公司、航空公司和公共事业,这样的公司就会有更高比例的债务融资。银行通常也会使用大量债务,因为存款就能给他们提供资产。这种杠杆会导致当收入额波动很小时,银行业的收益波动很大。

当你考虑一个公司杠杆的时候,比较一下整个行业的杠杆。投资者应该关注一个公司的债务保偿比率,来判断其借款成都和偿债能力。

债务比率

债务比率是一个公司债务占总资产的百分比。

债务比率表明有多少总资产是由债务构成的。

克利夫斯自然资源有限公司 2010 年的债务比率

$$= \frac{流动负债与非流动负债总和}{总资产}$$

$= (\$1,028.7 + \$2,910.8) / \$7,778.2$

$= 50.6\%$

克利夫斯自然资源有限公司 2011 年的债务比率

$$= \frac{流动负债与非流动负债总和}{总资产}$$

$= (\$1,493.3 + \$6,008.7) / \$14,541.7$

$= 51.5\%$

比较平均的债务比率,是为了更好地感受公司杠杆的程度和范围。有着较大杠杆的公司,在销售或经济衰退时会更容易受到影响,尤其是一个具有周期性的公司面临着经济衰退的情况时。克利夫斯自然资源有限公司 2010 年和 2011 年的债务比率基本相等,但数值很高,说明其超过一半的资产是通过负债融资得到的。

当你查看一个公司的财务报告时,要总是关注于附注,以便查看是否有资产负债表以外的任何债务。如果一个公司的财务报表没有包含其子公司的财务信息,那么都会在财务报表附注里面体现母公司债务情况。

负债权益比率

负债权益比率衡量的是公司债务占股权的比例。

克利夫斯自然资源有限公司的负债权益比率计算如下:

$$2010年的负债权益比率 = \frac{总负债}{股东权益}$$

$$= \$3,939.5 / \$3,838.7$$

$$= 102.6\%$$

$$2011年的负债权益比率 = \frac{总负债}{股东权益}$$

$$= \$7,502 / \$7,039.7$$

$$= 106.5\%$$

债务权益比率越大,则由债务提供的融资水平越大,债务权益比率越小,则由权益提供的融资水平越大。这一比率与总负债比率有所类似,它们都提出了一个公司面临债务负担的警示标志。

覆盖率

覆盖率是衡量公司偿债能力的指标(包括支付利息)。利息保障倍数是衡量一个公司支付负债利息能力的指标,计算如下:

克利夫斯自然资源有限公司2010年的利息保障倍数

$$= \frac{息税前收益}{年利息费用}$$

$$= \$1,270.2 / \$47.7$$

$$= 26.63 倍$$

第 8 章 基本面分析

克利夫斯自然资源有限公司 2011 年的利息保障倍数

$= \dfrac{息税前收益}{年利息费用}$

= \$2,348.6/ \$209

= 11.24 倍

尽管克利夫斯自然资源有限公司 2011 年的息税前收益是 2010 年的近两倍，但是利率的增长却将近 4 倍，这导致了利息保障倍数从 26.63 下降至乐 11.24。因此，价值投资者想知道，在克利夫斯自然资源有限公司没有足够多的收入来支付利息之前，如果其息税前收益下降，将会留有多大的余地。克利夫斯自然资源有限公司覆盖率的安全边际计算如下：

覆盖率的安全边际 = 1 - （1/覆盖率）

覆盖率为 11.24 的公司有着 91% 的安全边际 = 1 - （1/11.24）= 91.1%

也就是说，在有足够资金偿债之前，该公司的息税前收益只能下降 91.1%。

普通股价格比率

普通股价格比率与公司股价信息有关。

市盈率

市盈率是衡量公司股票市场价格的指标。市盈率是最常用的解释股票价格和收益之间关系的指标，计算如下：

市盈率 = 股票市价/每股收益

市盈率表示股票价格是每股收益的多少倍。普通股的市盈率每天都会在财经报纸和财经网站上发布。比如，克利夫斯自然资源有限公司 2013 年 1 月 14 日的市盈率是 5.81 倍（36.8 美元/6.33 美元），即股票市价是每股 36.8 美元，每股收益是 6.33 美元。这一数值表明，股东愿意支付股票收益的 5.81 倍去购买该股票；换言之，要使收益等于投资额（每股 36.8 美元）就需要 5.81 年。市盈率也可以通过预期未来收益计算。克利夫斯自然资源有限公司预计 2012 年的每股收益是 3.59 美元,所以其预计市盈率是 10.25 (36.8 美元/3.59 美元)。

公司的市盈率显示了相对于收益,股价有多昂贵。有着高市盈率的公司(一般规则是大于 20)是成长型的公司。在 2013 年 1 月,尽管市场平均市盈率是 10,而克利夫斯自然资源有限公司的市盈率是 13,但它仍是一个价值股。

显然,高市盈率意味着高风险。如果预期未来高市盈率的增长没有实现,其股价将会迅速下跌;另一方面,如果成长股没有辜负其盈利预期,投资者将大幅受益。成熟阶段的公司、被低估值的公司和财务困难的公司,都有着较低的市盈率(小于 10)。

通过比较公司与行业和市场的平均市盈率,就可以得出对相对价值股的看法。例如,在 2006 年 9 月,美国股票市场的平均市盈率大约是 17,到 2012 年平均市盈率是 13。在牛市,平均市盈率会上升,而在熊市,平均市盈率会下降(可能会下降到 6,这种情况在 1974 年发生过)。

市盈率的上下波动是有许多原因造成的,比如增长率、收益和其他财务特征。

每股收益

每股收益指标指的是公司股票每一股的收入,它表示将总收入分配给流通在外的每一股股票上的收入。每股收益能够用来比较年度收益的增长,并计划未来收益的增长。

$$\text{克利夫斯自然资源有限公司 2010 年的每股收益}$$
$$= \frac{\text{净利润} - \text{优先股股利}}{\text{流通在外的普通股数量}}$$
$$= \$1,019,900/135,301$$
$$= \$7.54$$

克利夫斯自然资源有限公司 2011 年的每股收益

$$= \frac{\text{净利润} - \text{优先股股利}}{\text{流通在外的普通股数量}}$$

$= \$1,619,100/140,234$

$= \$11.55$

流通股数量等于公司发行股票数量减去公司和回购的股票数量,也称为库存股。在许多情况下,公司报告两种每股收益:普通每股收益和完全稀释的每股收益。

当公司有可转换债券、可转换优先股、认股权或认股权证时,一旦这些证券转换为普通股,其每股收益指标可能会因为普通股数量的增加而被稀释,然后公司会被要求完全披露其完全稀释的每股收益指标和基本每股收益指标。

每股收益会因为销售的增长,也可以说是股价的上涨而稳定上升。但是,当公司回购股票时每股收益也会上升。可以想象,当公司大量回购股票时,销售和收益的下降会引起每股收益的增长。精明的投资者通过查看公司的财务报表,来判断每股收益的增长到底是由销售与盈利增长引起的,还是由股票回购引起的——如果是后者,将会导致投资者对该股票失去信心,从而引起股价的下跌。

基础较差的公司,可能会通过回购股票来提高其每股收益和最终股价,但这种方法并不能长期奏效。

每股收益也能这样定义:

$$\text{每股收益} = \frac{\text{股票市价}}{\text{市盈率}}$$

股息和股息收益率

投资者购买股票是为了获得潜在的资本增值和股息,公司要么通过支付股息来与股东分享利益,要么在不同项目上保留收益和再投资,以此来提高股价。查看财经报纸和网络就可以看到,上市公司的股息支付情况。公司通常试图去维持其股息支付,即使他们面临着收益下降的状况。同样,收益上升并不意味着股息随之上升。尽管有许多例子表明,公司收益的增加会带来股息的上涨,但这种情况并不常见。股息和收益之间的关系并不精确。有时收益的增长会超过股息的增长,而有时情况相反。因此,股息增长并不能看作是公司财务状况良好的标志。

股息是重要的,因为它反映的是股东获得的有形回报。那些没有获得股息或者获得股息很少的投资者,他们看中的是资本增值而不是当前回报。

股息收益率是衡量公司年度股息支付占股票市价比例的一个指标,这一比率表示股息占普通股市场价格的比例。对克利夫斯自然资源有限公司来说,其2013年1月15日的股息回报率为:

$$股息回报率 = \frac{年度股息}{股票市价} = \$2.50/\$36.80 = 6.79\%$$

在上涨的牛市中,许多投资者会对成长股感到焦虑,因为其要么不支付股息,要么只支付很少的股息,所以他们会转向那么股息率较高的股票。购买这种类型股票的策略,可能会给由利率上升造成的股价下跌提供保护。许多公共事业公司,房地产投资信托(REITs)和能源公司的股息收益率可能高达4%-7%。高股息收益率也是蓝筹股公司和公共事业公司的特点。

如果仅仅根据很高的股票收益率来选择股票,是很有风险的。股息总会降低,因为公司通常会收到压低股价的压力。

当你根据股息收益率选择股票时,你应该确认他们是否能获得足够支付股息的收益——通常来说,收入应该是股息的1.5倍。

股息收益率是向股东支付的股息占收益的百分比。

$$股息收益率 = \frac{年度股息}{每股收益}$$

克利夫斯自然资源有限公司2012年12月的股息收益率

= ＄2.50/＄3.59

=69.6%

除了看公司业绩，你也应该看现金变化情况，来判断现金的来源和使用情况。例如，如果现金主要来源于发行债券和出售资产，那么这个公司将不能维持其高股息收益率。

股息和股息收益率并不能够很好地显示股票的内在价值，因为股息支付会随时间变化而上下波动，这就使得股息增长与收益增长之间并没有明确的联系。

克利夫斯自然资源有限公司的股息收益率为投资者树了一面红色警示旗，如果铁矿石的价格继续下跌，价值投资者不应该投资这只股票。

预计的财务报表

预计的财务报表是根据对未来销售、收入和现金流的预计数据来建立的，它注重的是对未来销售和收入的预测。预计的财务报表要符合美国证券交易委员会的眼球，但它不会受到美国通用会计准则的限制。

预计的财务报表通常不考虑那些确定的指出和费用，有时，这能让其预计收益比真是情况看起来更有利。尽管每种类型的预计收益都包含在内，但是重组费用却排除在外了。缺乏是否应当包含收益的标准，也造成了混乱的现象，这使得在同行业中比较不同公司的预计收益变得很困难。

尽管公司可能不知道有多少未来将有多少特殊重组费用发生，但他们应当为这些特殊费用提供更多的指引，并加以量化。你应该意识到公司预计财务报表中的不足，并且不应漠视既往的财务报表，也就是说，你不应将既往的财务报表看作"已经过去的事，反顾无益"，须知，既往财务报表可能会比预计财务报表更精确。

你能相信由管理层提供的数据吗

在安然、世通和环球电讯因为"做假账"而垮台之后,美国证券交易委员会用了一年的时间,就检查了美国最大500家公司的年度报告,并发现其中的350家公司都存在错报:主要的问题在于会计领域(公司并不会解释其会计政策的运用,也不解释运用不同会计政策对利润的影响),收入(公司并不解释如何确认收入),养老金(公司不会透露其假设的利率以及如何使用该利率计算负债养老基金),减值(公司不会披露无形资产的减值),以及管理层意见(公司未能分析行业趋势、风险、现金流和资本需求)。

这一不足已经引起了华盛顿国会议员的注意,为了对公司加以监管和限制,公司应该披露这些数据。新的更加严格的会计规则已经出台。美国证券交易委员会要求公司在偏离公认会计准则时,要提供完整的解释。

财务会计准则委员会对公司如何计量其重置成本方面加以限制,并对公司的股权费用有所要求。

由于国会通过了越来越多的规则,会计丑闻也发生了,这种情况可能会继续存在,所以在你投资之前,应该对行业和公司发出的警示信号小心提防。经济的衰退,似乎为那些无良企业的高管夸大资产和收入、低估费用以及通过资产负债表隐藏债务,提供了合适的环境。同样,那些有稳定增长记录的公司随后也可能还会放缓销售,并出现一些"敷衍了事"的数字。另一种情况是泰科的故事,其首席执行官极其贪婪,而通过积极收购行为获得的增长,给了这位首席执行官提高自己身价的机会,而这个事件被隐藏在公司收购的数据当中。

你应该对预计收益抱有多大的重视呢?不必太过重视,即使这个预测是由分析师得出的,更何况从2002年之后,分析师的结论并不好。就2002年的情况来看,分析师预测在当年的后半年会有复苏迹象,他们预测第三季度收益增长16%,第四季度的21%,但这并没有发生。

第9章 选择一个价值股票组合

前面一章指出了对选择低估价值股票的基本分析方法，再往前的三章分析了资产负债表、利润表和现金流量表的变化。有了这些信息，现在你已经可以利用适合自己特殊需要和情况的投资风格，来建立一个投资组合了。

选择一个投资风格

投资者经常会面临这样一个问题："我应该买什么类型的股票？"是买表现优于大盘成长型股票的小型成长型股票，是买价值股？这个问题不仅涉及了投资风格，还涉及了公司股票的规模。一些投资者投资于滞后盈利的股票，一些更有耐心的投资者愿意投资那些随着时间推移而价值上升的滞后类别的股票。

研究表明，股票分类可以按相似的表现模式和特征进行，换言之，不同种类的股票收益并不关联，同一种类股票的收益却是相似的。在法雷尔的文章中，他总结了四种股票类型：成长型、周期型、稳健型和激进型。其他研究衡量股票是通过市值或者规模，而后就会将股票划分为小盘股、中盘股和大盘股。投资组合经理发现，他们可以通过将资金在不同时间段中投进不同种类的股票,来提高他们的业绩。

从这些种类的股票中可以看出,有两种投资风格:价值投资和成长型投资。图9-1显示了晨星基金共同基金投资的股票投资的常见风格,它也可以用来确定个人股票投资组合。投资者能运用这个风格表决定大部分的股权投资来满足其投资风格,这取决于他们的目标。价值股和成长股有着不同的金融特征和收益。价值股通常有较低的市盈率,并且低于其期望增长率。成长股通常有着高市盈率,并且预计在一段时间内会经历较高的销售增长。混合型指的是成长股和价值股的相互混合。用市场资本来衡量的公司规模,是指其股票的市场价值乘以流通股的数量。小盘股公司比中盘股公司有更大的风险,但研究表明,小盘股的长期回报通常会超过大盘股。从2003年到2005年,小盘价值股的表现明显优于大盘成长股。因此,对个人投资而言,股票的选择变得尤为重要,特别是当投资风格取决于市场时间的时候。

	价值型	混合型	成长型
大盘股			
中盘股			
小盘股			

图 9-1 股票风格类型

一旦将投资风格定位准确,价值投资者可以回顾本书第2章的图2-2,

第 9 章　选择一个价值股票组合

确定投资组合应该由哪种股票类型来组成。

风格表显示了对投资风格和公司规模的选择。投资者可以选择目前的赢家——小盘价值股、金融服务股和截至 2013 年 5 月的医疗保健股，来投资更多的资金。另外，一些投资者可能不愿意为这些类型的股票支付更高的价格，而更愿意去寻找那些最近没有被大量投资的股票（例如大盘成长股和中盘成长股）。一些投资者可能愿意以不同规模来组合成长股和价值股。这个风格表也可以用于国际上的股票。

研究表明，价值股和成长股在同样的方式和同一时期内，有着不同的表现——19 世纪 90 年代末期的一个重大现象证实了这一点，尽管大、中、小盘价值股的表现不佳。小盘价值股从 2000 年开始优于大盘成长股。一种投资风格（成长型或是价值型）在一个给定的时间内会成为主导。一些投资者选择将他们所有的资金都投资到表现良好的股票中去，然后当他们认为事情即将改变的时候，就转向其他的投资风格。这种投资风格会更加有利于一个活跃的管理风格，而不是被动的，这样投资者就可以在不同种类之间分配他们的股票，然后长期持有。活跃的管理者更愿意去当市场计时器，当他们感知到市场是上升的时候，他们更加倾向于将所有资金完全投资于股票，相反的情况发生于当他们认为市场会下降的时候。被动的投资者倾向于无论市场如何都保持完全投资于股票。

最终，投资者需要决定他们是选择价值股还是成长股，是选择做积极的管理者还是被动的管理者。个股的选择会容易一些，如果目标是通过一个资产配置来提供的，这就分解了不同风格类型的资产类别。表 9-1 列出了一些不同投资组合的可能性。投资者可能投资于价值股和成长股的混合股，这可能是国内（美国）股票和国际股票之间的分配，之后投资者会决定分配给不同股票的数量，大、中、小盘（例 1）。

表9-1 股票资产配置风格

例1		例2		例3	
价值型/成长型的混合		价值型		成长型	
价值股		价值股		成长股	
大盘美股	20%	大盘美股	25%	大盘美股	25%
中盘美股	10%	中盘美股	15%	中盘美股	15%
小盘美股	10%	小盘美股	10%	小盘美股	10%
国际股	10%	国际大盘股	20%	国际大盘股	20%
成长股		国际中盘股	20%	国际中盘股	20%
大盘美股	20%	国际小盘股	10%	国际小盘股	10%
中盘美股	10%				
小盘美股	10%				
国际股	10%				
合计	100%	合计	100%	合计	100%

例2显示了价值股组合，例3显示了成长股组合。一个投资者在一个行业内多样化的投资组合，可以保护其在大盘价值股或者大盘成长股内免受风险。如果一个行业的股票形势变得恶化，投资者可以通过参与其他行业的任何价格改善而获得保护，如此一来，股票市场的止跌回升会变得有更有基础。

主动投资和被动投资

那些坚持有效市场假设（股价反映了所有可得到的信息，股价总能得到正确定价，股价难以领先于市场）的投资者，代表被动的投资风格。如果股价反映所有相关信息，并且股票能够在其内在价值左右被定价，那么在长期投资者就很难打破市场。因此，如果投资者不能从内幕信息中获益并且没有被低估价值的股票，投资者就有两种可代替的选择：投资于市场指数，或者选择个性化的股票并长期持有。这就是被人熟知的"购买——持有策略"。

指数

那些坚持指数投资的价值投资者认为，影响公司的事件是随即发生的，投资者有50-50的机会能够选择上升的股票；因此，他们打破市场的可能性就会变小，结果是这些投资者满足于市场回报，并且愿意投资股票市场指数。这种策略可以通过以下方式实现：

◆ 投资于该指数的个股。例如，道琼斯工业股票平均价格指数的30只股票。然而，在标准普尔500指数的500只股票投资，对于大多数个人的投资组合来说是不现实的。投资者可能更容易投资于标准普尔500指数，就像高科技行业、金融行业、漂亮50股，或者是可怜的道琼斯指数。

◆ 投资于指数跟踪股票（交易所交易基金），是一指标的基础。例如SPDRs，它跟踪的是标准普尔500指数和部门SPDR标准普尔500指数；"钻石"跟踪了道琼斯工业股票平均价格指数；投资于纳斯达克最大的100家公司的股票，跟踪纳斯达克100指数。这些交易所交易基金跟踪指数将在第12章中讨论。

◆ 投资于指数基金在第10章中讨论。

指数共同基金和积极管理共同基金的测量结果，作为被动投资和主动投资的指标，让指数更加受到关注。泰杰森指出，在1989年至1999年的十年当中，标准普尔500指数共同基金的平均收益率大约每年是18%，主动管理的股票共同基金的平均收益率是每年16%。这每年2%的差距可能似乎不那么重要，但是当这种差距随时间推移而累积，其结果就会很大的影响指数。在10年的期间内，指数基金的累积回报率超过了积极管理型股票基金约80%。根据普林斯顿大学金融学教授波顿麦吉尔的研究，从1993年到2003年十年间，标准普尔500指数基金的表现超过了84%的积极管理大型基金。2012年积极管理型基金并未超过市场平均水平，这使得许多被动投资者投资于总市场基金，以求至少有接近市场平均回报的回报率。

有许多方法可以说明指数相对于积极管理型基金的优势：

1. 积极管理的共同基金能在市场低迷的时候保有一些资金。如果这没有实现，指数基金能够从它的控股公司赚更多的钱，因为他们总是完全投资的。

2. 指数基金的年度费用比率大大低于同行业的积极管理股票共同基金。指数基金不会改变其控股，除非股票指数有所改变。积极管理基金能够经历持有的高周转，但这意味着更高的交易成本。

3. 大盘股，其次是许多分析师，可能会有效地去定价，并给出指数基金选股的优势。

积极管理者和选股者的机会存在于小盘股和国际股票中，这可能是由分析师紧随其后的原因。同样地，在市场低迷的时期，积极的管理者可以通过提高现金或投资于防御类的股票，来对其基金股价的降低加以限制。这可能会使固定指数基金的投资组合有所下降。这并不是说积极管理的投资组合不会在熊市出现。这些投资组合将会下降，就像指数基金，但是可以采取措施来减少其下降值。可以看出，小盘股管理者通过持有一些大盘股，而超过了罗素2000指数。其他研究也证实，积极的管理者并没有一惯指数表现。

购买并持有投资

除了指数，另一个的被动投资策略是，购买股票并长期持有，使得随时间产生的变化最小。主动策略和被动策略之间的表现，更加难以评估，因为回报取决于股票在主动和被动的投资组合上的组成。然而，使用指数基金作为买入并持有投资的基础，结果表明，积极投资组合管理者并未超过购买并持有策略。迈克尔·詹森调查了在1945—1964年的115名共同基金经理，发现这些基金的平均回报率会导致小于短期国债平均回报率的投资组合和市场指数反弹。

市场定时器经常吹捧他们能够在市场崩溃之前成功地退出市场，然后重新在一个较低的点进入市场，来提高他们的整体收益。这说起来容易，做起来很难。美国普信集团的价格显示，为了比购买并持有的投资者做得更好，市场定时器需要在70%的准确度上进入和退出市场。密歇根大学金融学教授西亨对于1963年至1993年的研究发现，只要投资者因退出市场而浪费了股市表现最好的天数的1.2%，就会损失95%的总回报率。

学术界得出的研究结果，和华尔街的结果之间存在着明显的脱节。通讯的发展能精准预测未来的市场和市场运动，并且测定其时间会更加精确，而随着越来越多的投资者进入股市，他们希望短时间内自己的钱能翻倍。在撰写本书时，对市场100%的准确率尚未出现——一旦出现这样的市场时机，投资者会倾向于购买并持有。

非常明显的是，不管用什么方法，很难在持续很长的一段时间内打破市场。这一理论当然支持在市场计时器下购买并持有的策略。除了已经讨论过的原因，以下原因也引起主动投资超过被动投资：

◆ 活跃的交易意味着更高的交易（佣金）成本。
◆ 如果股票的持有期短于一年，因此产生的收益适用的普通联邦税率会高于长期持有期限投资产生收益所适用的税率。

价值型和成长型投资

尽管在一个确定的时间段内，成长型股票优于价值型股票，这一现象在长期却不是很普遍。在2003年至2005年的两年间，价值型股票超过了成长型股票，这是因为价值股被高估了。但长期来看，比如1991年至2010年，价值股在美国和国际上都超过成长股。因此，一个追求价值的投资者可能还会考虑购买成长股，他愿意为此支付小的溢价。投资者应该继续选择在该领域做得很好的领头股而忽略市场中其他落后股票吗？这个问题用长期投资就很容易回答,但在短期,它更像是一个猜谜游戏。"动量投资"风格是购买的这些股票其价格一直在上升,而动量投资的主要问题是,无法准确预测转折点。这些领先股最终将成为落后者,并且这一逆转将转向其他行业的股票。如果以领先股价格周期中最高点的价格投资于这些领先股,那么在其回到有利点之前,其回报可能在一段时间内不那么有优势。长期来看,那些在不同行业间进行多样化投资组合(小、中、大盘的价值股和成长股)的投资者,将看到稳定的回报。

对股票市场的分析推动了这个前提。在1980年至2010年的30年中,价值股超过了成长股,而在成长股超过价值股的情况会在表9-3中归纳。

表9-3 1980-2010年美国股票业绩

价值股超过成长股	成长股超过价值股
1981	1980
1983-1984	1982
1986	1985
1987-1988	1987
1992-1993	1989-1991
1995	1992-1994
	1996-1999
2000-2010	

在长期,哪种股票会给投资者带来更大的收益?答案可能是惊人的。大卫·莱内韦伯的研究表明,在1975年—1995年间,遵循标准普尔500指数的市净率,分别将1美元投资到价值股和成长股中,就会获得价值23美元价值股和14美元的成长股。这些结论也正是了对外国股票的研究。罗利和夏普的研究表明,从1981年1月至1992年6月,外国(法国、德国、瑞士、日本和英国)的价值股超过成长股。宾西法尼亚大学教授杰里米·西格尔发现,在1963年7月到1998年12月的35年间,价值股超过

了成长股——价值股获得了每年13.4%收益率,而成长股为12%。

简言之,在长期内价值股会超越成长股这一现象,在选择股票投资组合的时候是有意义的。证据表明,赚钱的股票并不能一直保持其优势,它们会回到中间水平;同样,亏损的股票也不可能在长期一直亏损,它也要回到平均水平上。换言之,目前那些雄心勃勃的价值股无法一直维持其异常高的回报,将转向更低的回报;目前低回报的成长股,最终也会有惊人的表现和更高的回报。

"随时间变化回报回到平均水平"这个现象,适用于小盘股和大盘股。然而,在1974年—1983年和1991年—1992年,投资于小盘股的回报会超过大盘股。在1996年—2000年,投资于中小盘股会获得低于市场的回报率或者负的回报率。不可避免的是,小盘股超过大盘股,建立在长期风险调整的基础上。第二个原因是,在一个包含了小盘股的投资组合中,小盘股与大盘股的相关系数相对较低,因此提高了投资组合的风险—回报系数。

在小盘股和大盘股的投资组合中增加中盘股,能够降低风险和波动性,并且优化稳定回报。许多市场定时器会认为,这种跨越不同行业的投资风格会使他们本可以通过移动最佳表现行业来获得的潜在回报有所减少。显然,多样化的投资组合不能容纳尽可能多的最佳表现行业的股票,也不可能容纳很多最差业绩表现的股票。市场定时器的结果取决于他们在准确的时间进入和退出不同点行业。在成为主动投资者或者成为被动投资者之间做出的选择以及你做出这种选择的动机,最终取决于你对市场前景的把控和你的风险与回报的具体构成。

如何构成一个价值投资组合

股票交易价格低于其内在价值的时候,价值投资就要在基本分析之后再做决定。这种风格与成长型投资相反,成长型投资的投资者愿意投资于那些有良好记录的和已经升值的股票，而价值投资者是爱买便宜货的人，他们总是追求有好点子或是有好产品的公司，尽管其表现欠佳却有良好的长期前景。这里有一个关于价值股的好例子，由于发达国家和发展中国家的经济衰退，钢铁公司的股票价格下降，这些公司的股票交易价格低于市盈率的1/8。但是，当发达国家和中国开始发展经济，就会需要用到钢铁，就能带动钢铁行业回到扩张模式。如果一个行业的股票已经长期落后于其他行业的股票，这个差距最终会缩小，而这些落后的行业也可能在未来超过其他行业。正如我们之前谈论的，他们会向平均水平回归。另一方面，领先于市场的股票将会回到平均水平，并且在未来某个阶段在市场中表现不佳。因此，价值投资者总是在追寻那些低于其预期长期增长率的股票。

如果一个公司的股票市盈率低于收益增长率，就将它定义为价值股。比如，克利夫斯自然资源有限公司的股票就被看作价值股，因为它2012年的预期收益增长率是19%，而其2012年的市盈率不到8。一旦一只股票的市盈率超过了增长率，那这只股票就不再是价值股了。

对价值股的定义并不是唯一的。一些定义注重于很低的市盈率，或者说市场以多少倍高过了市盈率。还有一些定义关注低现金流和低市净率，其中最为保守的定义是，如果一只股票的股息收益率高于平均水平，那么久将其定义为价值股。受益股票之外的某些股票，也可以被划分为价值股。例如2012年，当苹果公司、谷歌公司和其他成长股的价值下跌时，许多价值基金经理将其当作价值股来购买。根据各自对价值股的定义，许多投资者想出了不同的价值股。下文将详细讨论决定价值股的基础。

市盈率

市盈率等于股票的当前市场价格除以每股收益，可以通过过去四个季度的收益来计算，这就称为既往市盈率，或者，可以使用基于即将到来的一年的预期收益来计算市盈率，这种未来市盈率对投资者来说更加重要，因为这是表明股票未来表现的一个指标。

但是，投资者不能仅仅依靠市盈率来做决定，因为行业类型和资本结构都会影响市盈率。一些行业相对于其他行业有着较高的平均市盈率，而且跨行业来比较其市盈率，并不是一个有必要、有实际意义的评估。例如，制药行业公司的股票市盈率高出经纪公司股票市盈率的好几倍。默克公司的既往市盈率约为20，而高盛公司的市盈率是110，这样的比较是毫无意义的。一些行业需要在房地产、工厂、设备方面有更大的投资，这就意味着他们可能有更大的债务杠杆。通常情况下，有较大债务比率的公司有着较大的风险，较高债务杠杆的公司有着较低的市盈率。

低市盈率是一个相对指标。一些投资者会因为默克公司股票市盈率是20，而认为其是成长股，而另一些人通过与其他交易中那些高市盈率的股票比较，而认定它是一个价值股。

市净率

市净率是每股市价与每股净资产的比率。每股净资产的计算方式是，资产减去负债的差额除以流通股的数量。价值投资者追求那些市价低于账面价值的股票。本杰明·格雷厄姆为选股者提供一些指南，其中一条是当股票价格低于每股账面价值的2/3时，就购买这个公司的股票。

为什么在购买股票时，只考虑低市净率是不够的？其原因有很多。每股净资产是一个会计指标，如果用GAAP的不同方法，这个指标就会有不同的结果，比如，用加速折旧法或直线法来计提折旧，或者说用后进先出法和先进先出法来对存货估值。公司资产的历史成本和市场价值之间的差异，会使得每股净资产偏离每股可变现净值。

β 系数

夏普、林特纳和马科维茨提出的资本资产定价模型，建立了风险和股票预期回报之间的关系。预期回报率等于无风险利率加上基于股票系统风险下的风险溢价。在这个模型中，股票或是投资组合的风险被分成两部分：系统的（或者说市场风险）和非系统的（或者说可分散风险）。与安全本身有关的风险（如商业和金融风险），可以通过多元化的投资来降低或消除。不可消除的风险是系统风险，所以，在风险和回报的关系中它就变得更为重要；换言之，通过将不同股票在投资组合中加以组合，非系统风险就能降低，而只剩下系统风险，它关系到改变一般市场安全价格的安全价格。一些股票的上涨和下跌超过了市场，而其他股票的上下波动却小于市场，这构成了一个整体。系统风险由希腊字母 β 来表示——β 系数反映的是一只股票的系统风险，表明相对于市场回报率的股票回报率的敏感性。相对于市场汇报，股票回报的标准差越大，与股票相关的风险就越大。相关系数表示变量的重要性，相关系数的范围从 -1 到 1。股票回报和市场回报有着很强的相关性。因此，如果股票的标准差是 0.15，市场的标准差是 0.1，两者之间的相关系数是 1，那么 β 系数是 1.5。

如果股票回报和市场回报的相关系数是 -1，股票的标准差等于 0.08，市场的标准差是 0.1，可得 β 系数是 -0.8。

负的相关性会导致股票和市场像两个相反的方向变动。如果股票回报和市场回报之间没有相关性，那么相关系数等于 0，那么 β 系数也是 0，意味着不存在市场风险。

股票的 β 系数是 1，就意味着如果市场上涨 20%，股价也会上升 20%。同样，如果市场下跌 20%，股价也会下跌 20%。假设市场的 β 系数是 1，就意味着股票完全受市场影响。股票的 β 系数大于 1，那么在牛市中就会有高于平均水平的回报，在熊市中会有低于平均水平的回报。如果股票的 β 系数小于 1，那么股票与市场变化关系不大。追求高回报的投资者更愿意去假设高风险。

选择一个价值投资组合

第一步是要选择你感兴趣领域的股票，这一步可以通过网络来选择，并打印出这些股票的财务信息；然后你可以通过确认你的价值标准，来缩小这些股票的范围，也就是选出你特定的市盈率、市净率和股息收益率的

第9章 选择一个价值股票组合

股票——你可以用网络搜索工具，例如 www.yahoo.com 和 www.cnbc.com 来寻找股票，并且把他们带入你的筛选条件来确定你的价值股名单（见表9-4）。以下是不建议考虑的特定股票，因为随时间变化，这些股票的基本财务特征也会变化。

用于确定在2013年初可以投资哪些股票的标准，基于以下几点：

◆ 直到2012年末并未超过中盘股和小盘股的大盘股，要选择股票市值超过100亿元并且在标准普尔500指数之内的股票。

◆ 截至2012年12月31日，市盈率低于10（好的价值股的市盈率平均都在13左右）。

◆ 股息收益率大于等于3%的股票。

表9.4 基于基本因素的价值股

公司名称	简称	行业	股价	市价	β系数	每股盈余	估计每股盈余	市盈率
雪佛龙股份有限公司	CVX	综合性石油	116.20美元	2274亿美元	1.2	2.57美元	3.04美元	9.52
美国康菲石油公司	COP	综合性石油	61.06美元	741亿美元	1.4	1.44美元	1.44美元	7.53
美国英特尔公司	INTC	半导体	20.96美元	1043亿美元	1.0	0.48美元	0.41美元	9.83
诺斯罗普格鲁曼	NOC	国防	67.74美元	166.3亿美元	1.1	1.82美元	1.72美元	8.9
美国雷声公司	RTN	国防	55.88美元	184.3亿美元	0.7	1.47美元	1.31美元	9.89
希捷科技	STX	计算机硬件	37.25美元	140.6亿美元	2.7	1.45美元	1.27美元	4.9

选择这些股票的原因

在CNBC网站的用股票筛选器，可以得到表9-4，并有以下标准：股息收益率超过3%、股本回报率大于15%，市盈率小于10，市值超过100亿美元，且属于标准普尔500指数的公司。在这个列表中，每只股票的基本价值都被考虑进去了。雪佛龙股份有限公司和康菲石油公司在其行业中是全球最大的公司。当世界经济再次增长时，未来基础材料和石油供给的增长，可能会跟不上新兴经济体如中国、印度、巴西和俄罗斯的需求。英特尔是半导体行业的领头羊，股票受人好评，其交易处于52周以来的低点，股息收益率为4.29%。在给出的表格中，国防行业有两只股票：诺斯罗普格鲁曼和美国雷声公司。诺斯罗普格鲁曼是国防行业的领头公司，它在无人驾驶系统和网络安全领域提供创新产品、解决方案及其系统。雷声公司是最大的导弹制造商，其2014年的产品都已经被预订了。即使美国削减了预算，这两家公司都从来自国际上越来越多的购买订单中获益。计算机硬件行业已经失去了有利地位，因为与苹果公司的产品（比如iPad）相比，惠普和戴尔无法提供创新产品，结果是硬盘制造商，比如希捷科技和西部数据等受到了不公平的惩罚，并为投资者提供了机会。至2013年1月27日，希捷科技只交易了往绩市盈率的4.9倍。

在很长一段时间，收益驱动着股价的增长。要寻找那些长时间保持收入增长的公司。三年增长率超过市盈率的公司，值得选择。

股息率是另一个衡量价值的指标。选择的股票其股息率应该超过3%。那些有着高股息率的股票，能够吸引等待资本增值的投资者。

第10章 共同基金的运用

在金融市场上,不想亲自管理自有资金的投资者大有人在,对这些投资者而言,共同基金不失为一种理想的投资方式。共同基金经理运用股票、债券和货币市场工具,将份额持有者的资金进行多样化组合投资,投资者将按照出资比例享受共同基金的收益。因此,投资者能够在投资金额较少的情况下,享受来自股票或者债券的多元化投资组合收益。这种投资方式的一个优点就在于,没有时间管理自己资产或者缺乏金融证券投资知识的投资者,能够通过共同基金将他们的钱投入股票、债券、货币市场工具的多元化投资组合中;换言之,价值投资者选择共同基金,就是认同他们的投资理念而非选择投资某个股票、债券或者货币市场证券。但在投资前,价值投资者需要明确共同基金的优缺点。

研究表明,股票共同基金的长期表现低于市场平均水平。标准普尔公司针对股票共同基金的研究发现,只有极少数基金能够持续跑赢市场,这一小部分保持优异表现的基金有一个共同点:低费用比率。基于此原因,交易型开放式指数基金(ETF)在众多投资者中成为流行的投资方式,这将在本书第12章进行讨论。

随着可供选择的共同基金越来越多,投资者在选择共同基金时需要像投资某种证券时一样谨慎。选择共同基金的过程可以分为3步:

1. 了解这些基金如何运作。

2. 了解这些基金的投资目标和投资方式。

3. 通过共同基金招募说明书或者其他资料来评估基金的表现。

共同基金与其运作方式

管理共同基金的投资公司通过向投资者出售份额募集资金，再将这些募集到的资金投入证券组合中。投资者的钱汇集成资金池，使得基金经理可以用来购买不同的证券，进行多元化投资。例如，股票基金可以购买不同种类的股票，债券基金可以购买不同种类的债券。基金的投资目标决定了投资方式的选择。例如，如果股票基金的投资目标是提供资本增值，那么该基金会倾向于投资更多的成长型股票。

投资组合中的股息也会作为红利派发给基金持有人。投资1,000美元和投资100,000美元的投资者，所享有的收益率是相同的，除非后者收到了比前者100倍（他们出资额在基金中所占的比例）还多的红利。

当共同基金投资组合中的证券价格出现波动时，整个基金的价值会受到影响。许多不同的因素，如组合中不同种类证券的内在风险，还有经济、市场以及政治因素，都会导致价格的波动。基金的投资目标之所以重要，就是因为这些目标会影响到基金所选择的投资标的的种类和质量，从这些目标中，投资者能够更好地评估其是否愿意承担该基金的整个风险，以便提高收入（收益）和资本回报。

投资公司会提供下列四种不同种类的基金：

◆ 开放式共同基金

◆ 封闭式基金

◆ 单位投资信托（UIT）

◆ 交易型开放式指数基金（ETF），大多数由经纪公司和银行管理

这四种类型的基金将在本书第11和12章进行讨论。

开放式基金基本概念

开放式基金是指基金的发行规模没有限制。投资者既可以通过基金销售机构购买基金，使得基金资产和规模由此相应地增加，也可以将所持有的基金份额卖给基金公司并收回现金，使得基金资产和规模相应地减少。封闭式基金是指在发行时限定了基金发行的总额，当份额售罄时，公司将不再发行新份额；换言之，封闭式基金的资金规模是固定的。

开放式共同基金的份额购买，以基金资产净值（NAV）计价。基金单位资产净值是指每个交易日结束后，基金资产的市场价值减去总负债后再除以基金的单位份额总数。

开放式基金的资产市场价值，在每个交易日结束后才能确定。例如，某个股票债券混合型基金运用当天所持有的股票和债券收盘价来计算当天的市场价值。将所持有的每只股票、债券的数量分别乘以其对应的收盘价格，并将所得数字加总，再扣除任何与基金相关的负债（如已发生的费用），得到的总资产净值除以基金的单位份额总数，就得到了基金单位资产净值的价格。

表 10-1 列出了 NAV 的计算过程。

表 10-1　怎样计算基金资产净值（NAV）

基金持有的股票和债券市场价值	$100,000,000
减去总负债	- $150,000
净值	$99,850,000
单位份额总数	$7,500,000
单位资产净值	$13,313 (99,850,000/7,500,000)

基金资产净值（NAV）每天都会随着基金所持有的股票、债券价格波动

而变化。NAV 重要之处在于：

1. NAV 代表着投资者所持有的共同基金价值（投资者所持有的份额乘以基金单位资产净值）；

2. NAV 是新份额的认购价格及份额的赎回价格。

不同基金的资产净值会在每天的报纸或者该基金网站上公布。共同基金投资所获收益不用缴税。在国税局税法中，共同基金被视为中介机构，即投资的收入通过红利和资本损益的形式最终到达了份额持有人手中。个人投资者需为从共同基金中所得的收入和资本利得缴纳税款。

份额持有人会收到月度和年度明细账单，上面会列出申购与赎回的份额、利息收入、红利、资本利得与资本损失，以及其他与纳税相关的数据。尽管如此，在投资共同基金时，投资者还是应当关注 NAV 的申购与赎回价格，这些信息可以用于计算赎回份额的损益。

在下列情况下，共同基金的价值会增加：

◆ 向份额持有者派发基金投资所获利息与红利时。
◆ 基金管理人卖出所持有证券获益时，资本利得将会派发给份额持有人。如果卖出证券时发生亏损，损失的部分将由基金的资本利得抵消，而净利得或者损失也将由份额持有人承担。
◆ 基金单位资产净值增加时。

共同基金的类型

投资者可以投资股票基金、债券基金、货币市场基金、混合基金以及商品基金，表 10-2 列出了根据投资目标不同进行分类的权益基金种类。

在股票投资方面，股票共同基金也由于基金投资组合所选择的股票类型以及投资目标不同而有所不同。美国证券交易委员会要求基金公布他们的投资目标。例如，一个基金的目标可能是通过使资本利得最大化来追求增长，这种类型的基金一般投资于小公司，对那些激进的投资者更具有吸引力，因为这类投资者能够承受投资这种非周期性股票所带来的损失风险。

另一种股票基金的目标则截然不同，其追求的是提供稳定收入而非资本增长，这类型的基金主要投资于有稳定股利分红的股票，尽管也追求资本增值，但这不是其主要目标。成长与收益型基金则追求资本增值和稳定收入间的平衡。

股票基金还可以根据投资风格不同进行分类，分为成长型股票基金、价值型股票基金，或者混合型基金。价值型股票在财务特征上有别于成长型股票。

表 10-2 根据投资目标进行分类的权益基金种类

基金类型	投资目标
激进-成长型基金	追求资本利得最大化；投资于新兴行业和冷门的股票
成长型基金	通过资本回报寻求价值增长，投资于具有成长性的公司和行业股票，但相比于激进-成长型基金所选的股票来说更加偏向主流
成长与收益型基金	通过资本回报和股息收入来寻求价值增长，投资于比激进-成长型和成长型基金所选股票表现更加稳定的股票
收益型基金	投资于派发股息公司的股票
指数型基金	选取某市场指数，例如标准普尔 500、道琼斯工业平均指数作为模仿对象，按照该指数构成的标准，投资该指数包含的证券市场中全部或部分的证券
全球股权基金	投资于美国和美国以外的公司股票
新兴市场基金	投资于发展中国家的公司股票
行业基金	投资于该基金投资目标所述行业的股票，如能源、健康护理、科技、稀有金属等
平衡型基金	以获得当期收入和追求基金资产长期增值为投资目标；投资于普通股、优先股和债券

资产配置型基金	根据固定或者可变的比例，投资于股票、债券、货币市场等证券
公司债基金	寻求高稳定收益，投资于发行的公司债券
高收益债券基金	投资于投资级别以下的债券（垃圾债）来寻求更高的收益
市政债券基金	投资于州与地方政府债券，寻求免交联邦所得税的收益
美国国债基金	投资于不同种类的政府债券，如国债、机构债券（政府机构发行）、联邦担保抵押债券
GNMA 基金	投资于政府国民抵押贷款协会（GNMA）证券和其他抵押担保债券
全球债券基金	投资于包括美国在内的全球公司及政府债券
货币市场基金	投资于到期时间在一年及以下的货币市场证券
对冲基金	通过投资于证券（股票和债券）以及衍生证券，对冲掉来自市场、利率以及货币价值的下行影响

价值型股票一般都会派发股利，市盈率低，而成长型股票市盈率高，在一段时期内股价有着非常高的增长率。投资股票基金并不能让你免遭市场波动。当市场下行时，基金的投资组合中拥有越多的投机型股票，基金净值会比以蓝筹股建仓的基金净值下跌更多。因此，激进型基金的份额净值会比保守型基金的份额净值波动率大。

指数型基金是指设计投资组合来模拟市场表现的共同基金。指数基金追踪的是某种重要市场指数，从而获得接近该市场指数的投资回报。例如，标准普尔 500 指数基金投资于标准普尔 500 指数的标的股票。由于变动可能性很低，这种策略并不要求基金进行主动型资产管理。基金会一直持有这些股票，除非它们被剔除出该指数成分股。只有到那个时候，基金才会做出调整。市场对指数基金的追捧已经扩散到了其他领域，例如中小板股票和欧洲、亚洲以及环太平洋的新兴市场。

股债混合型基金也称为平衡基金。平衡基金投资于股票和债券。基金投资股票的部分提供资本增值，而投资固定收益证券的部分则为持有者提供稳定收益。基金会在招募说明书明确列出股票与债券的投资比例。

一般来说，基金持有的证券品种风险越高，其潜在的回报或者损失都会越大。这句话适用于所有类型的基金，包括股票基金。固定收益基金主要投资于债券和优先股。债券基金投资于应税债券如国债和美国机构债。公司债基金也提供应税收益。免税债券包括市政债券基金所得的利息收入免缴联邦税，如果是在该州或者地区发行，还可能免缴州税或地区税。

自从长期资本管理公司（一家来自康涅狄格州的基金公司，被14家金融机构出资助其摆脱困境的）出事以来，对冲基金被提及得越来越多。由于俄罗斯债券市场价格的大幅逆转，长期资本管理公司遭受了重大损失。在2001年美国道琼斯总体股票市场指数下跌了12%时，瑞信对冲基金指数显示，对冲基金平均上涨4%。对冲基金开始受到富人们的青睐，但对其高昂的管理费和不稳定的投资回报收益心存犹豫。据对冲基金的研究表明，自2009年3月以来，相较于标准普尔500指数110%的收益率，对冲基金的收益率为33%。2012年，相较于标准普尔500指数15%的增长率，对冲基金上涨4%。

什么是对冲基金

对冲基金并不是共同基金。投资者少于90人的对冲基金，并不需要在美国证券交易委员进行注册。对冲基金只接受高净值（150万美元及以上）投资者，并且要求投资额度不得低于100万美元。由于2001年股票市场的负回报，2002年对冲基金吸引了大量的新资本，并获得了更加广泛的客户基础。尽管对冲基金2001年的回报很低（1%—2%），甚至为零，但仍然比同时期损失百分比甚至达到两位数的共同基金要好得多。究其原因，对冲基金可以做多或者做空股票，而共同基金按规定只能做多；并且，对冲基金经理还可以运用融资手段，通过提高杠杆来增加回报。这些正回报率引出了2002年迷你对冲基金的概念，这是一种华尔街推出的新型投资产品。这种类型的基金要求的门槛相对较低，为25万美元，尽管其投资者仍须为可以承担任何潜在损失风险的高净值客户。但是，对冲基金这种长短头寸的组合在股票市场上升时，表现却并不如共同基金。

对冲基金是一种特殊的开放式基金,允许其经理在市场上持有多样的投资头寸,在承担高于平均的风险的同时,寻求高于平均的潜在回报。已经存在了近50年的美国对冲基金,一般采用有限合伙人形式。对冲基金的投资风格也非常多样,包括市场中性策略以及高风险、低风险策略。对冲基金并不像共同基金一样受到严厉的监管,因此其投资风格也不会受到同样的限制,并且相关的披露要求也没有那么严格。投资者在基金赎回上受到了一定限制。许多对冲基金允许投资者只能在每年年末进行赎回,另一些可能会允许投资者在每年年末或每季度末赎回。

价值投资者也许希望能够尝试通过运用低成本的 ETFs 来建立自己的投资组合,获得近似对冲基金的收益,从而避免对冲基金高昂的费率和赎回的限制条款。复制策略的第一步,就是要明白对冲基金的投资组合以及回报的驱动因素。一般来说,复制策略试图避开投资组合中的极端头寸(这些头寸可能会导致巨大的收益或者损失)。通过瞄准对冲基金里的温和头寸,复制策略避开了对冲基金的极端波动和高费率(一般为资产的2%和利润的20%),同时也避开了较高的投资门槛(25万—100万美元)。一些交易型开放式指数基金(ETFs)可以用于复制这些对冲基金的投资:罗素3000指数(涵盖了美国股票市场98%的股票)、罗素3000成长指数 ETF 和罗素3000先锋 ETF。

在投资对冲基金前:

◆ 阅读其提供的相关文件

◆ 评估该对冲基金的风险和运用的杠杆

◆ 了解赎回基金前的封闭期有多长

◆ 咨询是否有提供给投资者的附函协议,可以让投资者享受更低费率或其他优惠

◆ 了解对冲基金的盈利模式以及如何运用更低的成本模拟对冲基金投资

第 10 章 共同基金的运用

分析招募说明书对基金挑选有所帮助

了解一只基金最好的方式,莫过于阅读它的招募说明书。美国证券交易委员会要求,在投资前或者不久之后为投资者提供一份招募说明书。招募说明书是一份正式的书面文件,上面列示了该基金的相关信息,包括投资目标、投资策略、持有证券、风险、历史回报、费率以及财务数据。招募说明书应当包含下列信息:

- ◆ 投资目标
- ◆ 投资策略
- ◆ 总体风险
- ◆ 投资表现和费率

投资目标

投资目标为该基金希望达到的目标和选择达到该目标所践行的投资风格。基金的投资目标可以宽泛地描述,最常见的表述为:

1. 通过基金价值时间段内的增长,来寻求长期资本增值。
2. 通过投资产生的股利,来寻求稳定的收入和保证投资者本金安全。

投资策略

基金的投资策略反映了基金经理在达到投资目标过程中所使用的手段。例如,股票基金的基金经理可能购买成长型或价值型公司的股票。价值投资者在寻找大型价值基金时,可以通过基金所投资的证券类型来进行区分。

总体风险

基金的投资目标描述了基金投资的证券类型,还有与这些证券相关的风险因素。基金投资的证券类型也概述了其总体风险。例如,如果一份招募说明书表明其投资于成长型证券，你就不会惊讶于该基金投资的大多数股票都有着高市盈率，还包括了高风险的小企业股。成长型股票价格的下跌会导致该基金的投资者蒙受损失。基金的投资策略限定了基金经理投资其他类型证券的范围，包括运用期权对冲（利率或者市场方向）风险，以及投资衍生证券来增加基金收益。许多通常只持有蓝筹股的保守型基金，偶尔也会通过购买小企业和境外股票来增加回报。基金经理可投资其他种类证券的范围越大，该基金的风险越高。

另一种衡量风险的方法是该基金的多元化程度。如果基金规定了在某个公司投资不得超过其总资产的5%，那么它就是一只多元化的基金。但是，如果基金没有该限制，基金经理可以只选择投资少量品种的证券，那么当这些投资中的某个证券价格大幅下降时，资金损失的风险就大大增加了。

投资表现和费率

基金的总体表现取决于下列因素：

◆ 总体回报
◆ 费用

美国证券交易委员会要求所有基金提供年化回报率的报告。基金将在表格或者图表中列出一年、五年以及十年的回报。新成立的基金则应当提供自成立日以来的回报。列出的回报应当包括税前和税后，以及显示该基金是如何受税收影响的。基金还必须将其回报率与合适的市场指数进行对比。

许多基金自称在存续期间的某段时间内在某个领域的表现取得了第一。然而，投资者应当注意，良好的历史业绩并不能代表良好的将来业绩——些过去做得很好的基金可能已经倒闭了。

一些商业杂志会在市场波动时追踪许多共同基金的整体业绩表现，这些杂志公布的业绩结果，远比共同基金自己广告中给出的信息更可靠。从这些出版物中，你能了解基金在市场上升时表现得如何好，并学会如何在市场下跌时保护自己的资金。在牛市成立的新基金并没有历史业绩，这意味着他们在市场下跌时的表现不一定会很好。

评级机构如晨星（www.morningstar.com）等会通过比较相同投资目标的基金对基金进行打分，但是这些评分可能会对你选择基金产生误导：首先，尽管某些基金有着相似的投资目标，但它们可能并不适合进行比较，例如，一只基金可能比另一只的资产风险更高；其次，历史业绩可能并不是衡量基金将来表现的可靠指标。在选择基金时，你应当关注该基金的投资标的（尽可能多地关注已决定投资的标的），然后试着计算其在市场上升和下跌时的波动率。

总体回报

基金收益率是衡量基金在30天内红利分配的一个指标，也是基金总体回报的一个方面。共同基金通过资本利得或损失，来增加或减少基金总体回报。另一个影响基金总体回报的因素是基金资产净值（NAV）。当基金份额价格上涨6%时，就会使得总体回报上涨6%。同样，基金资产净值价格下跌也会导致总体回报下降。有些拥有正收益率的基金，同样会出现负的总体回报。

表 10-3 基金的总体回报构成

共同基金的总体回报包含以下三部分：
股息与资本利得或损失
基金资产净值变化
红利再投资收益

红利再投资收益是另一项包含在总体回报里的因素。当基金派发的红利再投资到该基金并持有更多份额时，来自红利再投资份额的收益将会使投资资本的总体回报增加。

费用

费用是区分不同基金业绩表现的关键因素。即使你找到了收益最高的基金,也仅仅只是成功了一半,因为最高收益的基金也可能是费用最高的基金之一,投资这种基金的最终利得,也许比不上那些收益相对较低但费用也低的基金。费用会使得基金的总体回报降低。除非共同基金的费率与费用一成不变,否则你不能仅指望基金的未来业绩预测。一份共同基金招募说明书会用一个单独的表格列出各类费用,这个表格一般会列出由投资者直接支付的费用和根据基金收益部分收取的费用:申购手续费、赎回费用、账户管理费、12b-1费用(类似中国基金销售服务费,但其内涵更广)、分销渠道费用以及其他费用。

共同基金行业曾因其高昂的费用和收费而饱受诟病,退一步讲,尽管共同基金公布了所有的费用,但你仍然需要知道通过何种渠道寻找那些费用更低的基金。

收费基金与免佣基金

免佣基金即份额销售不收取任何销售费用的基金,换言之,你在买卖该基金时并不需要支付任何费用。如果投资10,000美元的免佣基金,那么这10,000美元都将用于购买该基金份额。免佣基金直接按基金资产单位净值向投资者进行销售。投资者购买收费基金的价格里包含了销售佣金,即申购价格高于基金资产单位净值。这些费用可能会很高,甚至可能占到申购价格的8.5%。销售佣金可以用每份额的申购价格减去基金资产单位净值计算得出。表10-4演示了收费基金是怎样计算销售佣金的。一些基金也会给予大额申购的投资者费用优惠。例如,低于100,000美元的申购金额会收取5%的销售佣金,申购金额在100,000到200,000美元之间收取4.25%的销售佣金,申购金额大于200,000美元则仅收取3.5%的销售佣金。购买收费基金的投资者在购买时有必要了解该基金是否对再投资的红利收取销售佣金。基金还可以收取赎回费用或者出金费,这些都会对投资者赎回份额产生影响。赎回费用是指基金持有人在赎回份额时所收取的费用。基金可能直接规定一个赎回费率,或者使用随着持有人持有时间增加而降低的赎回费率。例如，如果你以3%的赎回费率赎回10,000美元的共同基金,那么你只能获得9,700美元(10,000-0.03×10,000)。

费用收取的影响就在于它会降低总体回报。例如，如果某基金的回报率是6%，申购时收取4%的销售费用，那么你这一年的总体回报就大大降低了。如果你必须支付赎回费才能赎回基金，那么当基金份额价格上涨时，你可能会支付比前端收费更多的费用，这是因为费率乘以了一个更大的基数。

不要被那些宣传时自称免佣基金但却通过其他名目向投资者收费的基金所蒙骗，这些费用可能用于开户需要支付的成本或者基金构建投资组合时购买股票的成本。费率根据不同的基金类型从1%到3%不等。从投资者的角度看，这些费用的用途其实并不重要。这些费用减少了用于投资的金额。

表10-4 怎样计算真实费率

共同基金按照认购价格的百分比收取费用，有意淡化了投资者真正支付的费用。例如，某共同基金收费5%，该基金在报纸上公布的基金资产单位净值为25美元/份，费用是基于认购价格来计算的，计算公式如下：

认购价格=基金资产净值/（1-费率）

＝25/（1-0.05）

＝26.32美元

投资者支付了1.32美元/份的费用（\$26.32－\$25.00），占认购价格的5%。然而，这部分费用占基金资产净值的百分比是高于5%的。

真实费率=费用/基金资产净值

＝1.32/25

＝5.28%

那么，在销售费用降低了如此多回报的情况下，为什么还有这么多的人依然投资收费基金呢？下面列举了一些合理的原因：

- 投资者并没有自己决定投资哪一只基金，而是将决定权交到了经纪人或者理财师手中。
- 经纪人和理财师以销售投资产品获得佣金的方式为生，这些投资产品只包括收费基金和支付12b-1费用以外佣金的基金，这些基金被宣传为最好的投资产品。
- 经纪人和理财师并不会宣传或销售免佣基金，也不会宣传自己无法获得佣金的基金。

许多经纪人和理财师经常表达的观点是，收费基金表现优于免佣基金，却并没有证据支撑这种观点。某项关于共同基金长期表现的调研显示，免佣基金和收费基金在10年内的表现并没有统计学差异，甚至在扣除了销售佣金后，免佣基金的投资者所获的收益更多。

12b-1费用是共同基金从投资资产中扣除的用于市场和渠道的费用，这些费用明显少于销售佣金，这种每年计算的费用一旦加上销售佣金，就会急剧上升。许多免佣基金大力宣传不收销售佣金，然后添加12b-1费用，这其实跟销售佣金非常相似。1%的12b-1费率听上去似乎并不多，但它会使得你10,000美元的投资每年减少100美元。

对于上述收费，基金还收取管理费用，用于支付给管理基金投资组合的人。管理费率从资产的0.5%到2%不等。高管理费率也会使得投资者总体回报降低。

所有可能发生的费用都需要关注，因为它们会降低收益和总体回报。共同基金业评论家对费用增加非常警觉。投资者不要被基金所声明的他们不会做的事情所蒙蔽。降低或免除前端费用，并不意味着基金不能在别的地方增加收费。许多新基金宣布免除一部分费用。请认真了解这些免除的费用有无期限，什么时候到期或者能否被免除。

共同基金必须公开费用。你可以在基金募集说明书里找到管理费、

12b-1 费、赎回费（后端收费）以及其他费用。

选定披露的份额数据与比率

表 10-5 总结了相关时间段内具有代表性基金的表现，这些信息可以在基金募集说明书或者年报里找到。尽管各基金选定披露的份额数据与比率存在差异，但格式是基本相同的。

表 10-5 所列的投资活动项目列出了基金持有证券所获得的投资收入，这些收益将分配给基金持有者。例如，2013 年所有的净投资收益 0.37 美元/份均发放给了基金持有者（第 4 行），但 2012 年仅仅派发了净投资收益 0.31 美元中的 0.30 美元。2012 年未派发给基金持有者的 0.01 美元，在资本变动区域里显示为基金资产单位净值（第 7 行）的增加（由于这 0.01 美元并未被分配，资本损失和收益分配项减去了这一数字。）

表 10-5 选定披露的份额数据与比率

	2013 年	2012 年	2011 年
年初基金资产单位净值	10.02	11.01	10.73
投资活动			
第 1 行 收入	0.40	0.35	0.55
第 2 行 费用	(0.03)	(0.04)	(0.05)
第 3 行 净投资收益	0.37	0.31	0.50
第 4 行 红利分配	(0.37)	(0.30)	(0.47)
资本变动			
第 5 行 已变现及未变现的净资本利得（损失）	1.00	(0.75)	1.50
第 6 行 已变现利得分配	(0.70)	(0.25)	(1.25)
第 7 行 基金资产单位净值净增长（减少）	0.30	(0.99)	0.28
年初基金资产单位净值	10.02	11.01	10.73
年末基金资产单位净值	10.32	10.02	11.01
运营费用占平均资产单位净值比率	0.53%	0.56%	0.58%
净投资收益占平均资产单位净值比率	0.45%	0.46%	0.84%
组合换手率	121%	135%	150%
已发行份额（000）	10,600	8,451	6,339

资本利得和损失也会影响到基金资产净值。基金派发了已变现资本利得（第6行），但是未变现资本利得或损失也会使得基金资产净值增加或减少。

基金资产净值每年的变化也会使得份额价格有所波动。例如，2012年的基金资产单位净值减少了1.01美元，降幅达9.17%。如果你知道自己投资的10,000美元变成了9,082.65美元，那么短期内你还会对这笔投资感到满意吗？

组合换手率告诉了潜在投资者基金的投资资产交易的活跃度。换手率100%代表着投资资产平均每年卖出1次。例如，某基金持有1亿美元的股票，就意味着每年交易1亿美元的股票，即100%换手率。根据先锋基金总结报告，先锋股票收益基金，一只大盘价值型基金，其2012年的组合换手率相对较低，仅为26%；与之相比，先锋成长股票基金2012年换手率达40%。对于投资者来说，高组合换手率（大于200%）也许并非坏事，因为这可能会创造高额的投资利得，但频繁买卖股票也意味着会产生更高的交易成本。

但是对基金持有人而言，高换手率意味着可以期望年末资本利得分配。在会计项目下，每份份额分配的数额都会从基金资产单位净值中扣除掉。

指数基金的换手率非常低，一般在5%左右。先锋500指数基金2012年的组合换手率仅为4%。低换手率的优势在于降低交易成本和增大税收效益。基金出现低换手率的情况，还可能因为长期持有表现不好的股票等待其股价反转。

表10-5案例中给出的运营费用占平均资产单位净值比很低（约0.5%）。你可以在共同基金三种回报即股息分配、资本利得分配和份额价格变动的基础上，运用下2列公式计算平均总体回报：

$$\text{平均总体回报} = \frac{\left(\text{股息+分配的资本利得}+\dfrac{\text{期末资产净值}+\text{期初资产净值}}{\text{年数}}\right)}{\dfrac{\text{期末资产净值}+\text{期初资产净值}}{2}}$$

$$2006\text{年平均总体回报} = \frac{\dfrac{(0.37+0.70)+(10.32-10.02)}{1}}{\dfrac{(10.32+10.02)}{2}} = 13.50\%$$

本案例中 13.5% 的收益率,意味着一位投资者在这只基金里获得了两位数的回报,主要是因为已变现资本利得和资产单位净值价格的增长。基金资产净值波动越大,回报的不稳定性就越大。

价值投资者总是想在投资前通过比较共同基金的回报来挑出好的基金。例如,先锋股票收益基金——大盘价值基金,与罗素 1000 价值指数在同一段期间内进行比较。同样,先锋成长股票基金的比较标准可以是罗素 1000 成长指数。

共同基金的风险

投资共同基金的主要风险,是基金资产净值下跌带来的本金损失风险。共同基金面临许多种类的风险,如利率风险、市场风险、证券信誉风险等。市场利率上升会导致股票和债券市场下跌,使得股票和债券基金的资产净值下跌;市场利率下降则引起相反的结果:股票和债券价格上升,相对应地,股票和债券共同基金的资产净值就会上升。

证券信誉风险大小也能影响基金投资的证券价格的波动率。投资小企业和新兴成长股的股票基金在牛市时上涨的幅度,会比投资于大型稳健企业股票的保守型收益股票基金更大,但熊市时其下跌的幅度也更大。一些小型企业股票基金投资于价值可疑的小资本额股票,导致资金损失。

在过去几十年中，具有储蓄及贷款业务的银行和财团都有许多破产的案例，人们自然会把共同基金和破产风险想到一起，但实际上共同基金的破产风险很小——共同基金的成立方式，决定了它们的破产风险比银行更小。

共同基金的股权都属于他们的股东，作为日常的运营者的管理人公司并不持有股份，同时共同基金的日常运营也由托管人（一般为银行、证券公司）进行监督，托管人只行使监督的权利，并没有投资的权利，因此，即使管理人公司出现了财务状况，也不会危及共同基金的财产安全。当然，安全措施不能提供百分之百的保障，欺诈的情况还可能会发生——最近美国证监会披露了两家虚假的共同基金空壳公司，他们曾一直在新闻报纸上公布业绩。

基金有专门的过户代理人负责管理股东账户的权益变动，并跟踪记录新的申购者购买以及老份额的赎回；除此之外，有些基金公司还购买了雇员忠诚保险，以降低员工在基金投资中可能发生的渎职或欺诈的风险。

除了这两个安全保障以外，共同基金与银行存款或借款机构还有两个区别：

◆ 共同基金必须满足投资者的份额赎回需求，这意味着基金的一部分投资必须是高流动性的。

◆ 共同基金所有投资必须可计量并且每天都要进行估值，即每日估值（marking to market）。基金价值的每天变动反映了该基金当日的收益或亏损。

正因如此，共同基金不可能像银行、借贷机构一样隐藏自己的财务困境。

虽然美国证券交易委员会监管着共同基金的运营，但是每一个行业都有欺诈的从业人员。虽然共同基金欺诈的风险仍然存在，但共同基金的风险并不高于其他行业。总之，投资者必须认识到，如果购买了一个业绩不佳的共同基金，投资可能会遭受损失。

共同基金买卖时的税务问题

共同基金的税务报告是非常复杂的。在每年的年末，共同基金会给每一个投资人发送"1099 报告"（1099 报告是关于所有应税科目的汇总报告），在报告中会告知投资者当年所有的股利收益以及资本收益。每个投资者都需要为股利收益以及资本收益缴税。当投资者把这些收入自动再投资到基金认购更多份额时，这部分金额则入到投资者的投资成本里。这些成本也会影响投资者将来销售基金份额时的价值。

假设投资者二年前投资 10,000 美元到一个共同基金中，并自动再投资了总共 2,000 美元的股利和资本收益到基金中，然后，投资者以 14,000 美元的价钱卖出了手中所有的基金份额，此时投资者的计量成本应该是 12,000 美元而不是 10,000 美元，投资者的销售份额收益是 2,000 美元（14,000-12000）。

当投资者只销售一部分持有的份额时，计算法则是完全不一样。如果用支票账户进行份额的买卖，则在税务处理上更加复杂，但实际上，许多共同基金却鼓励投资者通过支票的方式管理份额：每一次投资者对于债券或股票开出一张支票时，就会产生一个应税的资本利得或损失（这不包括货币市场基金，因为其价钱一直都是 1 美元），这些行为导致在衡量税费时基金公司不得不支出额外的费用给会计师——用于计算最终的收益与损失；也正因如此，基金公司还必须保存所有关于基金交易的月度报表，其包括新份额的认购、老份额的赎回、股利、资本利得等。

应用平均成本法、先进先出法或特别定价法，投资者可以从相关记录中确定股份出售的成本衡量基础：

先进先出法是指根据先入库先发出的原则，对于发出的存货以先入库存货的单价计算发出存货成本的方法。表 10-6 展示了利用先进先出法计算销售部分基金份额时的资本利得或损失。案例表明，最早购买的基金份额被视为最先出售的份额。当所有的份额都被卖出后，以股利和资本收益来决定是盈利还是亏损。当基金份额价值一直是上涨的阶段，用先进先出法比平均成本法的应缴税费金额更高。

平均成本法是以基金总成本除以股份数来确定单位份额成本的会计计价方法。有些基金当投资者卖出份额时通过平均成本法计量收益和损失，平均成本法允许股东平均其成本到基金中。平均成本法在计算额外的份额购买或销售时会变得十分复杂，所以有些基金在大量投资者进行了回购后并不提供平均成本法的数据。

表10-6 股份出售的收益或损失

基金增长和收入合计					
日期	交易类型	金额	股价	数量	总股份
6月14日	投资	$15,000	$10.00	1,500	1,500
11月26日	投资	4,500	9.00	500	2,000
11月30日	回购（出售）	18,600	12.00	1,550	450
12月31日	股利	1,000	10.00	100	550
通过先进先出法计算收益或损失					
出售	1,550股	每股$12.00	总价18,600		
成本计量					
06/14	1,500股	$10.00	$15,000		
11/26	50股	$9.00	450		
总成本			15,450		
收益			3,150		
股份销售后基金增长和收入的成本计量					
日期	交易类型	金额	股价	数量	总股份
11月26日	投资	$4,050	9.00	450	450
12月31日	股利	1,000	10.00	100	550

特别定价法允许股东自己对希望出售的股份制定成本。股东可以通过选择卖出较高成本的股份让收益最小化。然而，选择特别鉴定法必须得到美国税务局的同意。股东必须持有基金以书面形式表明股份已被售出的说明，还需出示基金公司的出售确认函。如果难以确定特定的股份，美国税务局认定售出的股份是最初购入的股份。

特别定价法的工作原理如下：

假设投资者以 7 美元每股的价格购买了 100 份股份，并在 6 个月后以每股 14 美元的价格又购买了 100 份。投资者以每股 20 美元的价格出售 100 份股份。如果投资者以 14 美元每股的成本作为特别定价，那么资本收益是 6 美元每股（20-14）。如果用平均成本法，那么计量的成本是 10.5 美元每股（2100 美元/200 股份），资本收益是 9.5 美元每股。使用先进先出法，成本则以 7 美元每股计量，资本收益为每股 13 美元。

使用平均成本法计量成本的基金，不能在份额销售时变成特别定价法，但是这种限定不影响投资者持有的该基金之外的基金计量方法的变更。

对于单个股票，投资者不能用平均成本法，但是特别定价法和先进先出法是可接受的。

为了尽量减少计算的复杂性，短期性的资金需求尽量不用通过支票账户进行买卖，否则将产生账目上的收益或损失，使得会计计算变得复杂。短期性资金的投资最好选择货币市场，这样减轻了许多复杂性的计算。

隐藏资本收益

投资者在共同基金的收益分配时毫无掌控力，共同基金在税务上大有文章可做：因为投资公司并不需要付税，所有的收入和资本收益都归属于投资者。如果一个共同基金获得了投资收益，所有投资收益都会在分红时给到投资者。当产生资本收益时，即使即时股价比当时购买时还要低，共同基金的股东也是税务的承担人。下面的例子说明这个概念。

假设投资者以 10 美元每股的价格购买了 1000 份共同基金的份额，另一天共同基金分红资本收益每股 2 美元，此时每股股价下降至了 8 美元每股（10 美元-2 美元的资本收益）。此时投资者的股份变成 1250 份，每股价格为 8 美元（分红 2000 美元除以 8 美元的净资产价值，等于 250 份股份）。如果投资者继续持有股份直到年底，那么其应税金额是 2000 美元的资本收益分红。如果投资者决定在净资产为 8 美元的时候卖出所有的股份，那么投资者将会收到 10,000 美元，并承担 2,000 美元的损失（10,000 的收入减去调整后的成本 12,000），这个损失抵消了资本收益分配时的收入，期末没有应税负债。

在另一个情形中，基金股价低于每股 8 美元。即使现在本金价值已经低于 10,000 美元的初始投资，投资者仍然需要面对 2,000 美元的资本收益。这种情况在 2010 年股票市场下跌的时候发生过，投资者获得了资本收益的分红，但是遭受了本金的亏损。

投资者应该尽量避免在年末买入共同基金，因为共同基金会利用增加税务负担的方式隐藏他们的资本收益。在投资一个共同基金之前，投资者需要调查清楚该基金是否累积了许多原本早就需要分配给投资者的资本收益，这些资本收益在年末时都会统一分配给基金现有股东，即使该资本收益产生时股东并不持有该股份。

隐藏资本损失

隐藏资本损失和隐藏资本收益有相反的效果。举一个例子，一个共同基金在年初的净资产是每股 10 美元，但因为市场的下滑产生了每股 3 美元的累积资本损失。如果投资者是在每股 10 美元的时候买入，并在 7 美元每股的时候卖出，那么投资者可以用这个损失抵消其他基金或者其他地方产生的资本收益或最高抵减 3000 美元的收入。然而，如果投资者是在 7 美元的时候买入，在 14 美元的时候卖出，投资者的资本收益并不是 7 美元而是 4 美元，因为该基金有一个累积损失 3 美元，这意味着该基金的计量成本是 10 美元（资本损失加上每股股份价格）。

共同基金中不可靠的资本损失，给投资者提供了一个潜在的税务减免的方法，同样不可靠的资本收益提高了应税负债。

税务最优投资策略

成功的投资应该建立一个有效的并带来长期稳定的税后利润证券投资组合，这不仅可以降低在分红以及资本收益上的税务。对于证券投资而言，税务最优投资策略倾向于购买有分红以及提供资本收益前景的公司，因为分红以及长期资本收益（如果持有一年以上）的税率，低于其利息收入。然而，在 21 世纪初，因为股票市场的萧条，越来越多的共同基金开始重视有股利分红的股票，这些股票相比其他不付股利分红的股票的股价跌得要少。所以，下降市场中有一种投资策略，就是专注于有股利分红的股票。

投资者如果持有正在升值的股票，应该持有至少一年以上，以获得资本收益税率上的优惠。如果股票已经升值但是未来前景并不好，那么投资者应该卖出股票，即使没有持有到一年，因为与其长期遭受一个长期损失不如获得一个短期的收益离场。

如果持有的股票已经亏损，并且未来趋势仍然不够乐观，则应该卖出股票，止损出场。这些损失可以用来抵减其他地方的资本收益。另外，如果该年总损失超过总盈利，还可以抵减最高不超过 3000 美元（已婚联合报税），或者将损失延迟，抵减未来的资本收益应纳税。合理规划资本收益或损失，可以减少税务的支出，如果投资者已经有股票发生了大量的资本损失，可以在当年出售有大量资本收益的股票，以抵减这些损失，这样可以合理减少应税的金额。

投资者应该投资单个股票还是基金

股票和债券共同基金已经在投资者当中流行了起来，并且投资规模已经创造了这么多年的高峰。像前面几章阐述的一样，共同基金的优势在于专业的管理团队、多元化投资、投资低门槛、购买和销售便利。对于大多数的投资者而言，共同基金的优点远远大于其缺点。

共同基金可能是投资者购买多种类型的证券最实用的方式，包括高面值的债券（50,000美元的最低投资）以及高度多元化的投资组合。选择股票类共同基金也可以避免投资者在单个股票上的选择困难。

高度的多元化使得共同基金能够最大程度地降低个股发生不可预计损失时受到的影响。在投资活动中，专业的投资经理也有更快速的渠道获得不同主题的信息，能对不同的信息做出更快的反应。

然而，现实中关于购买个股还是共同基金，仍然存在很大的争议。个股和债券的收益率常常都高于共同基金的收益率。即使共同基金免除佣金，但还有销售佣金以及年度营运费包括管理费和服务费即12b-1费用，其他费用即包括托管费、财务费、法律费，这些费用都降低了基金的回报。如果投资个股则可以避免这些费用，马尔基尔统计了从1971年到1991年股票类共同基金的业绩表现，发现某年业绩优异的共同基金在另一年业绩往往会低于行业的平均值，这种情况发生的情况逐年递增，并且20世纪80年代发生的概率远远高于70年代。

如果投资者只有一小笔资金需要投资，那么共同基金会是一个好的选择。2000美元的投资可以购买一部分高度多元化的股票基金的份额，然而如果是购买个股，这笔钱可能只能购买一手普通股票。对于那些没用足够资金分散投资或者没时间、没有专门知识、没有管理个股倾向的投资者而言，共同基金是个很好的投资策略。另外，多元化投资的共同基金给投资者提供了投资个股无法获得的多样性。

表 10-7 比较了投资个股以及投资共同基金的特点。

表 10-7 个股和共同基金的特点对比

	个股	共同基金
多元化	只有购买大量并不同相关性的股份才能实现	小投资即能实现
买卖的便利性	在交易时间买卖股份便利；购买债券相对困难	买卖方便，交易只在每日收盘前发生
专业的管理	无	有
买卖时的花费和成本	买卖都有佣金支出	基金费用取决于基金收费
税务计划	容易预计收入和资本收益或损失	税务计划容易被不可预计的收入或资本收益分配所影响

价值投资者在投资共同基金时应注意的事项

如果价值投资者决定投资共同基金，代替个股投资，在投资之前，仍然需要对不同的共同基金进行详细的调研，以发现合适的投资基金。

第一步是确定投资目标。投资者投资的目的，是资产保值、固定利息收入、股利收入，或是资本增加值。如果目的是资产保值，首选投资应该是货币市场基金。货币市场基金最大的缺点，是接近于零的市场利率（2013 年）导致其收益率也非常低（大概在 3‰左右）。货币市场基金的优点，是投资本金保持不变，但实际购买力可能因通货膨胀而下降。因此，许多投资者通常选择投资短期债券基金，以赚取比货币基金高的收益率，即使可能会承担因为通货膨胀或利率上升而带来的债券投资本金损失的风险。

投资目的是获得稳定收益的投资者，应该选择债券共同基金、优先股股票以及稳定支付股利的普通股股份。2013 年 2 月，因为利率处于历史低位，投资研究公司 Trim Tabs 研究发现，流出进入股票市场的资金量达到了历史的顶峰。当资金从货币和债券市场流进高收益、有股利支付的股票市场时，投资者应该视其为危险信号，并提高自己的风险警惕性。随着大量资金流入股票市场，股票市场在2013年2月达到了历史的高点。然而，对于一个价值投资者而言，应着眼于其投资提供的价值，而不是其投资的股票是否在历史最高价。价值投资者应该购买目前被低估并且未来有机会增值的股票，而不是在价格已经上涨之后再加入追涨的行列中。混合基金的投资者希望进行价值与成长兼得的投资，这种投资给予投资者的，既有投资利得，又有资本增值。

投资目的是获得资本增值的投资者，应该选择股票成长型基金和进取型基金。成长型基金主要投资于低股利或不支付股利的公司，进取型基金投资于具有投机性的年轻公司，同时这些公司也不支付股利。这种类型的基金在价格方面的波动性最大。图10-1总结了不同投资目标以及与其目标相匹配的投资标的。

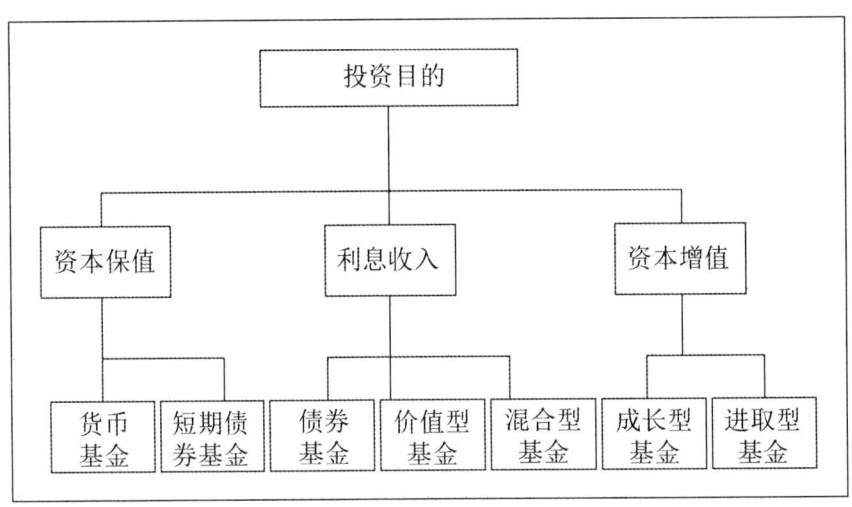

图10-1 投资目标以及与其目标相匹配的投资标的

投资的第二步是要针对自身感兴趣的所有共同基金进行调研，结合自己的投资目的,验证每一个感兴趣的基金的招股说明书,分析其是否与自己的投资目标相匹配,仔细阅读基金为实现既定投资目标所执行的策略概述。不能因为某些基金的名称里面有价值投资,就认为其所持有的股票都是有投资价值的——基金经理很有可能用小盘股或者势头股来修饰该基金的业绩,因此,价值投资者必须了解每一个基金持有量排在前列的股份公司的情况,即使共同基金并不披露其现有的仓位情况,每个财务季度的报告都会披露上个季度的仓位情况。如果某些基金是通过投资风险更高的证券实现其投资目标,那么投资者可以认为,这个基金比那些结构相似但不含有高风险条款的基金风险更高。了解并比较不同共同基金之间的持有仓位,是投资者选择之前必须做的工作。例如,在金融危机期间,一些共同基金有大量的银行股,导致这些基金的价值损失远远超过了其他共同基金。投资者还可以使用在第9章(表9-1)的"晨星投资风格箱",确定投资于哪种类型的共同基金(价值型、混合型又或者成长型,再选择投资标的为小盘股、中盘股、大盘股)。这种风格箱也可用于国际基金。注意不同类型共同基金的业绩表现。价值投资者倾向于选择持有被低估股票,而不是已经多年业绩优异的股票。同理,价值投资者期望持有被低估股票的基金,而不是那些持有已经表现优异多年股票的基金。所以,成长型股票基金也可以符合价值投资的理念。

第三步,计算感兴趣基金的收费标准。相对而言,免佣基金有着最低的总费率。

第四步,观察感兴趣基金的回报率。不要被一些基金近一年高回报所迷惑,应该把考察期延长到三至五年,以便观察到该基金在市场上涨及下降时的表现。

最后,不要在年底购买共同基金,因为其股价可能已经涵盖了被分配资本收益,在年末时投资者可能要为别人的资本增加值而付税——在投资之前多了解基金的资本收益分配情况。

第 11 章 封闭式基金的运用

封闭式基金是指基金发起人在设立基金时，限定了基金单位的发行总额，筹足总额后，基金即宣告成立，并进行封闭，在一定时期内不再接受新的投资。基金单位的流通采取在证券交易所上市的办法，投资者日后买卖基金单位，都必须通过证券经纪商在二级市场或者场外 OTC 市场上进行竞价交易，而开放式基金的购买和销售都是通过其基金发起公司。所以，封闭式基金的价格不止和该基金的净值有关，还与其股份的供给和需求有关，而这种基金净值与股份价格之间的差异，就是价值投资者的机会所在。

单位投资信托属于封闭式基金的一种。单位投资信托发行固定数额的股份，基金发起人（通常是某家经纪公司）购买那些已存入信托的证券或债券组合，这些投资通常都会持有到到期。不像开放式或封闭式基金，单位投资信托从来都不进行主动管理，所以一般来说，管理费都会相对较低，当然也不一定完全如此。信托具有到期日，且收益会全部回到信托股东账户。

所有的单位投资信托都收取销售佣金，开放式基金有可能收也有可能不收销售佣金。表 11-1 简要阐述了开放式基金与封闭式基金的不同。

表 11-1 开放式基金与封闭式基金的不同

封闭式基金	开放式基金
1. 固定份额基金、不进行增发 2. 已发行股份在交易所上市交易 3. 基金价格可能等于、高于、低于净资产 4. 基金价格不仅取决于标的资产,也受股份的供给与需求影响 5. 封闭式基金尚不成熟,单位投资信托比较成熟	1. 发行股份数无限制 2. 股份(包括新发行)的买卖都是通过基金发起人 3. 基金价格取决于净资产 4. 基金价格取决于投资标的 5. 开放式基金尚不成熟,除了零息债券市场

封闭式基金

封闭式基金有非常专业的基金经理按照投资目标来组合、管理投资组合。不像开放式基金,封闭式基金不以净资产作为股价,而是基于供给与需求之间的关系以及其他基础因素,所以基金价格可能以等于、高于、低于净资产的值在市场上交易,如表 11-2 所示。封闭式基金的价格,可以从财经报纸或者网站如雅虎、谷歌、CNBC 电视台以及晨星那里获得。

表 11-2 封闭式基金的溢价与折价

公司	净资产	市场价	溢价/折价
加比利股权信托基金	6.12	6.17	0.81%
ASA 百慕大公司	21.09	20.26	-3.93%
如何计算折价或者溢价			

$$\text{溢价}/(\text{折价}) = \frac{\text{市场价} - \text{净资产}}{\text{净资产}}$$

$$\text{加比利股权信托基金} = \frac{6.17 - 6.12}{6.12}$$

溢价 = 0.81%

* 2013 年 2 月 18 日价格

封闭式基金的购买和销售都是通过经纪商完成的。价值投资者在投资封闭式基金时应注意以下事项：

◆ 封闭式基金以经纪商包销或代销的方式发行新股份。
◆ 新股发行时经纪商费用可能会比较高，这也削弱了交易时其市场价格。假设，一个封闭式基金以每股10美元的价格销售100万股份，其发行经纪商收取的佣金费率是7%，那么基金只能收到930万美元用于未来的投资活动（减少的70万美元成了经纪商费用）。最初发行价也从原本每股10美元的价格下降，变为折价发行。
◆ 不在新发行时购买封闭式基金的另外一个原因，是新发行时其投资的组合尚未组成，投资者不知道该基金会投资什么资产，如果是债券型的基金，投资者也不清楚这些债券投资的收益率情况如何。

投资封闭型基金之前价值投资者该做的工作

大部分的封闭式基金都是折价发行的，所以，价值投资者必须弄清楚基金折价发行的原因是什么。这些原因是多样性的，如基金持有标的不受欢迎，市场资金的不确定性，利空消息使得卖方力量更强，投资者需要在投资之前获得更多的相关信息。即使能够以低于1美元的价格收购一个价值1美元的资产，也要在投资之前详细阅读基金的年报以及招股说明书。

正如我们以前提到的，封闭式基金管理费费用可能会比较高（1%—2%），这也减少了投资的回报。价值投资者可以长期持有折价发行的封闭式基金，直到其价格相对净资产溢价。

单位投资信托

单位投资信托是特定投资公司发行，这些投资公司销售由债券和股票组成的相对固定的投资组合。无论是到期日还是清算日，单位投资信托一定设有最终日，所有收益都属于投资股东。所以，这些信托大多投资于债券，因为债券有稳定股利现金流收入以及稳定的到期本金。如果是股票型的单位投资信托，股票都必须在最终日出售，同时所有的收益回报都属于投资股东。大部分的单位投资信托是免税市政债券信托，然后是应税债券信托，接着是股票信托。

单位投资信托可以通过发行券商或者该信托代销券商购买。如果投资者不想把信托持有至到期，可以把该信托卖回给发行人。法律要求信托发行人必须要按照净资产值回购股份，即使价格高于或低于投资者的初始投资。某些特定的情况下，信托的股份可能缺乏流动性，尤其是利率上升时的债券信托。

和购买封闭式基金一样，在购买首次发行的单位投资信托时，也有需要注意的事项：

◆ 投资者不知道该投资组合的组成。
◆ 投资者支付佣金或销售费用，一般是净资产的4%—5%。

单位投资信托中投资组合一般在购买之后就不会变化，这也就意味着不会有新的证券购买或出售。从理论上讲，单位投资信托的管理费会低于封闭型基金，因为其投资组合是保持不变的。只有在发行人评级出现严重下降时，单位投资信托才会出售手里持有的股票，如果这种情况发生，那么单位投资信托的管理费将会大幅上升。

第 11 章 封闭式基金的运用

房地产投资信托（REITS）

　　房地产投资信托基金是一种以发行收益凭证的方式汇集特定多数投资者的资金，由专门投资机构进行房地产投资经营管理，并将投资综合收益按比例分配给投资者的一种信托基金。投资房地产投资信托基金，投资者不需要直接购买房地产就可以获得房地产增值的收益。因为预计通货膨胀率会大幅上升，房地产投资信托基金在 1996 年中期流行了起来。在 2001—2002 年因为股票市场的急剧下滑，投资者开始转向投资房地产投资信托基金，以此进行避险；在利率上升的 2005—2006 年，房地产投资信托基金在股票市场上的业绩一直表现前列。在 2002—2012 的 10 年间，威尔夏美国房地产证券指数表现超过了标普 500 指数。

　　房地产投资信托基金是封闭式基金的一种，管理者把从投资者那募集到钱用于投资房地产。房地产投资信托基金会直接购买、建造或管理房地产，并把从中获得的房租或抵押融资收取的净利润，以股利的形式分红给股东。

　　房地产投资信托基金不用支付企业所得税，但法律规定其 90% 的净利润都必须分配给股东，所以房地产投资信托基金并没有多少留存收益用于未来的房地产收购。

　　下面是三种基本类型的房地产投资信托基金：

- ◆ 权益类房地产投资信托基金，主要用于购买、运营或销售的房地产标的是宾馆、商业写字楼、公寓以及购物中心。
- ◆ 抵押融资类房地产投资信托基金，是指给承建商以及开发商提供融资，以获得收益的基金。
- ◆ 混合型房地产投资信托基金，是指同时拥有权益类房地产和抵押融资类房地产的基金类型。大部分的混合型房地产投资信托基金，都有巨大的权益融资或债务融资头寸，只有少量的混合型房地产投资信托基金能够做到两者的平衡。

每一种类型的房地产投资信托基金的风险都不一样，投资者在投资之前必须仔细评估。虽然权益类房地产投资信托基金风险仍然取决于基金投资的标的房地产，但是其相对于抵押融资类房地产投资信托基金而言投机性小很多——抵押融资类房地产投资信托基金是把钱借给开发商，这里存在个巨大的未知风险。所以，抵押融资类比权益类的波动性更大，尤其是在市场萧条的时候。

最近几年，权益类房地产投资信托基金更流行于投资市场，它从稳定的房租回报以及房地产增值中形成稳定的收入现金流。

相对权益类房地产投资信托基金，抵押融资类房地产投资信托基金对利率的变化更敏感，因为其持有的抵押融资贷款与市场利率是一个完全相反的走势。即使权益类房地产投资信托基金对于市场利率变化敏感度相对较小，但在利率上升时，权益类房地产投资信托基金仍然会遭受潜在的损失。在利率下降时，抵押融资类房地产投资信托基金往往表现优异，因为它持有的不同类型的房地产融资贷款，所以，抵押类往往更注重当期收益率带来的收入现金流，而权益类往往会有潜在的房地产增值收入。例如，艾纳利资产管理公司在2005年第一季度支付了9%的股利分红，这比同期的债券或股票股利分红都高。

房地产投资信托基金可以是有限或无限存续期的，有限期房地产投资信托基金即我们熟知的FREITs，有限期房地产投资信托基金是自偿性的，即在基金最后有效期内需要卖出所有的资产，而抵押融资类房地产投资信托基金则是在贷款到期时将所有利润分配给投资者。

房地产投资信托基金和股票市场的表现有一点相关性，所以投资者在房地产投资信托基金上的投资不应超过5%。下面是购买房地产投资信托基金时的一些建议。

选择房地产投资信托基金时的建议

◆ 投资房地产投资信托基金之前。必须详细调研：找经纪商或者直接找该基金，获取它们的年报，还可以从房地产投资信托协会（华盛顿 N.W. 街 1875 号 600 栋，邮编 20006）获得更多的信息。

◆ 了解该房地产投资信托基金运营了多少年限，了解该管理人在该基金管理了多久和他的业绩如何，了解管理人在该基金中自己有多少股份，根据托马斯·拜恩理论，基金管理公司人员应至少持有 10% 的股份。

◆ 了解该房地产投资信托基金的债务水平：债务比率越大，基金的风险越大，因为其更多的收入需要支付给债务——如果基金的收入还是呈下降趋势，利息的支付将变得更艰难。应该投资于债券比率不高于 50% 的房地产投资信托基金。

◆ 不要仅仅因为预期收益率高，而选择该房地产投资信托基金：预期收益率越高，潜在的风险越大——有时候，一些基金发行人会提高预计收益率，以掩盖持有资产基本面的不佳。

◆ 选择市净率（每股股价与每股净资产的比率，即 P/B）低（-1 到 1 之间）的房地产投资信托基金。

◆ 检查该房地产投资信托基金的股利分配记录，警惕那些近期消减股利的房地产投资信托基金，并检查其股利分红的资金来源。正常的股利分红应该来源于运营收入，而不是变卖固定房地产的收入。

◆ 地理位置是房地产的第一要素。检查该房地产投资信托基金持有房地产的地理位置，避免投资那些持有的房地产属于高密集度或地理位置不佳的房地产信托基金。

注意事项

◆ 避免成为"盲池"的房地产投资信托基金。盲池是指由那些著名的投资公司发起的、用于投资不可定价房地产资产的基金。在投资任何房地产投资信托基金之前，投资者都需要研究该房地产投资信托基金的房地产资产以及债券情况。

◆投资房地产投资信托基金的占比，不能超过投资组合的 5%。

封闭式基金以及单位投资信托的风险

封闭式基金以及单位投资信托都面临着利率风险：一般而言，当市场利率上升时，封闭式基金以及单位投资信托所持有的股票价值会下降，这也意味着基金的价格也会下降，利率是一把双刃剑，当基金的卖空压力加强时，基金价格的下降可能会超过其在净资产上的下跌；同样，在利率下降时，基金价格的上升也会超过其净资产的上升。所以，封闭式基金以及单位投资信托都面临着供给关系变化导致基金价格低于净资产的风险。

对于单位投资信托而言，还有一个到期无法回本的风险，这种情况发生的原因有很多，包括信托的资产组成结构、佣金、高额的管理费以及杠杆的运用，都会造成本金的损失。许多的封闭式基金以及单位投资信托管理人除了收取前期的销售佣金，还收取一个年费，这也意味着这些基金的管理人会最大可能地去追逐投机性回报，以对冲掉他们的高额收费，并使得投资者回报率看上去没有显著的变化。为了能按时在到期日把募集的资金还给投资者，他们也不得不用盈利的资产增加值来补偿销售费用的支出。这就解释了为什么很多投资信托基金使用杠杆和衍生品来试图提高他们的回报率。

基金或信托持有的资产标的，对于基金净资产价格有着显著的影响，然而，封闭式基金以及单位投资信托的初始投资人在该基金或信托发起时，根本无法知道该基金未来的资产组成，因为只有初始投资人投资之后管理人才有资金去购买投资资产，初始投资人只有当投资组合形成后才能评估其风险度。有些基金或信托成立后可能购买了一些高风险公司的股票，此时投资者如果要退出封闭式基金以及单位投资信托，可能会遭受股价下跌的损失，并且只有在承担大幅的亏损时才能卖出自己的股份。

投资个股还是基金

股票型封闭基金和共同基金一样,给投资者提供了一个覆盖各个经济领域以及国外投资组合的机会。封闭式基金以及共同基金的优势,是给投资者提供了一个高度多元化、专业管理、投资门槛低以及买卖便捷的投资方式。对于大部分投资者而言,这些优势远远超过了其缺点。选择投资个股则可以避免在股票型共同基金和封闭式基金之间进行选择。

封闭式基金相对于共同基金的优点,是可以以一个低于净资产的价钱交易,类似于以不到1美元的价格购买1美元的资产。这给那些有足够耐心的价值投资者提供了机会。

共同基金会因为股东大量销售股份而导致流动性风险,基金管理人不得不销售手中的股票,以获得现金给予提出赎回的投资者,但在封闭式基金中就不存在这种情况,所以基金管理人可能选择投资一些流动性差些的资产,包括房地产和外国公司股份。

选择投资个股或封闭式基金的投资者,可以在任何交易时间内进行买卖。共同基金交易只在每日净资产价值制定后、交易日快结束时发生。封闭式基金没有最低投资限额的规定,而共同基金有,投资者可以买卖一股股份或者大量的股份。

在现实中,关于购买个股还是共同基金或封闭式基金,仍然存在很大的争议。个股的收益率常常都高于共同基金或封闭式基金。即使共同基金免除佣金,但是还有销售佣金以及年度营运费,包括管理费和服务费即12b-1费用,其他费用即包括托管费、财务费、法律费,这些费用都降低了基金的回报。投资个股则可以避免这些费用。封闭式基金虽然不收取12b-1的费用,但是其管理费仍然很高。

如果投资者只有一小笔的资金需要投资,但没时间、没有专门知识、没有管理个股倾向,而又想实现投资多元化,那么投资共同基金或封闭式基金会是一个好的选择。另外,多元化投资的共同基金或封闭式基金,给投资者提供了投资个股无法获得的多样性。

表 11-3　比较了投资个股、共同基金、封闭式基金的特点

	个股	共同基金	封闭式基金
多元化	只有购买大量并不同相关性的股份才能实现	小投资即能实现	小投资即能实现
买卖的便利性	在交易时间买卖股份便利；购买债券相对困难	买卖方便，交易只在每日收盘前发生	购买方便，卖出有流动性风险
专业的管理	无	有	有
买卖时的花费和成本	买卖都有佣金支出	基金费用取决于基金收费	基金费用取决于基金收费
税务计划	容易预计收入和资本收益或损失	税务计划易被不可预计的收入或资本收益分配影响	税务计划易被不可预计的收入或资本收益分配影响

第12章 交易型开放式指数基金

交易型开放式指数基金，又被称为交易所交易基金（ETF），是指跟踪大范围指数、某个行业指数或某些国家的股票的一篮子股票或债券。和封闭式基金一样，交易型开放式指数基金是在交易所上市的产品，主要上市的市场是美国证券交易所（AMEX）。和购买个股一样，投资者可以通过经纪商购买交易型开放式指数基金。交易型开放式指数基金定价是根据其持有证券的价值以及市场的供给情况决定的。交易型开放式指数基金的股票可以通过保证金账户进行做多以及卖空，还可以用市价、限价以及止盈止损等操作指令进行交易。

共同基金最大的市场竞争对手，就是交易型开放式指数基金，交易型开放式指数基金已经成为希望分散投资同时降低成本的投资者的首个选择，并逐步取代共同基金的市场份额。根据标准普尔的统计，投资交易型开放式指数基金每年的费率，大约在0.4%，而股票型共同基金的费率是1.4%。

◆ 2011年12月，美国有1,134只交易型开放式指数基金，而2001年这个数字只有102。
◆ 交易型开放式指数基金包括股票、债券以及大宗商品。
◆ 看空型开放式指数基金也是投资于股票、债券或大宗商品指数，以获得指数下跌的收益。
◆ 杠杆开放式指数基金通过杠杆放大跟踪投资组合带来的回报率。
◆ 开放式指数基金通过交易所而不是投资公司交易。

自从1993年第一只开放式指数基金标普存托凭证（SPDRs）上市之后，市场上现在已经有了1,134种开放式指数基金可供投资者选择。表12-1列出了一些市场上比较流行的开放式指数基金。

表12-1　一些流行的开放式指数基金

名称	股票代码	指数/分类
SPDRs	SPY	标准普尔指数（大盘股）
Diamonds	DIA	道琼斯工业平均指数（大盘股）
PowerSharesNasdaq	QQQ	纳斯达克大盘股
Semiconductor HOLDRs	SMH	半导体股票
PowerShares Active Real Estate	PSR	房地产
iShares FTSE China 25 Index	FXI	中国股票
iShares Lehman TIPS Bond	TLT	通胀国债
Pharmaceutical HOLDRs	PPH	医药股
Financial Select Sector	XLF	标准普尔500指数内金融股
iShares Russell 2000	IWN	罗素2000指数的小盘股
iShares MSCI Spain	EWP	西班牙股票
完整的开放式指数基金名单可以访问下列网站：		
www.amex.com		
www.ishares.com		
www.yahoo.com；选择金融板块然后选择开放式指数基金		

SPDRs跟踪标普500指数；Diamonds（股票代码DIA）跟踪道琼斯工业平均指数的30只股票；Qubes（股票代码QQQ）跟踪纳斯达克大盘股；有大量的开放式指数基金跟踪特定行业指数（例如金融、科技、工业）以及外国股票市场指数（ishare就是跟踪摩根斯坦利国际资本指数——MSCI——包括全球20个国家以及许多地区）。访问美国证券交易所的网址（www.amex.com），可以获得更多关于开放式指数基金的信息。

更多关于 SPDRS，DIAMONDS 以及 NASDAQ 100 开放式指数基金

有许多的开放式指数基金都是以标准普尔 500 指数作为跟踪标的，其中包括科技、能源以及金融等板块。SPDRS 开放式指数基金则是持有标普 500 指数所有的公司股票，购买一份 SPDRS 开放式指数基金，能够部分持有标普 500 指数所有的公司股票。SPDRS 开放式指数基金也给投资者提供一些专注于行业的开放式指数基金，包括标普指数中的金融股、79 个科技股、公共事业股、工业股以及其他五个行业的股票。这些行业的开放式指数基金在交易中更受欢迎。

Diamond（DIA）开放式指数基金是跟踪 30 只道琼斯工业股平均值，购买一份 Diamond（DIA）开放式指数基金，能够部分持有 30 只道琼斯工业股。

Qube（QQQ）开放式指数基金则是以纳斯达克纳斯达克市值前 100 的股票为跟踪标的，购买一份 Qube（QQQ）开放式指数基金，能够部分持有纳斯达克市值前 100 的股票。

下面是一些开放式指数基金的特点：

◆ 交易：这些开放式指数基金都是在美国股票交易所上市交易的。

◆ 近似股价比：SPDRS、DIAMONDS 开放式指数基金与其对应跟踪标的价值关系是，一股 SPDRS 是十分之一的标普 500 指数，一股 DIAMONDS 是百分之一的道琼斯工业指数。

◆ 股利：股利每季度支付一次（1月、4月、7月、10月）。

◆ 风险：开放式指数基金也存在和个股一样的价格波动风险，同时，因为基金的费用支付，开放式指数基金可能无法完全复制指数的收益，开放式指数基金的总收益等于跟踪标的收益减去总费用。然而在现实中，有些开放式指数基金的收益远远低于自己的跟踪标的，我们称这种情况为跟踪误差。

◆ 净资产：开放式指数基金的净资产每股基于每个交易日结算价，其净资产价值代表了跟踪指数的价值加上可能发生的股利再减去每股发生费用。

◆ 卖空机制：开放式指数基金允许投资者进行卖空操作。

来源：美国股票交易所、www.amex.com。

净资产计算方式的差异，意味着开放式指数基金的交易价可能会高于或低于净资产，但是这种情况一般不会发生，因为开放式指数基金可以通过一篮子股票进行换购。当价格差异发生、机构投资者想利用这个价差获得大额（最少50,000股）套利时，开放式指数基金此时不会支付现金，而是会赎回指数中的股份，机构投资者则卖出该指数的标的股票，而不是开放式指数基金的股份，此时这种差异也将不复存在。开放式指数基金与开放式共同基金的相似性值得重视。开放式指数基金可以自主买卖股份或者发行新股，然而开放式指数基金的投资者可以在任何交易时间内进行买卖，开放式共同基金的交易却只能在交易日最后时间按照结算价进行交易。开放式指数基金与开放式共同基金最大的不同，则是当开放式共同基金投资者卖出股份时，共同基金管理人必须卖出股份，以获得现金支付给投资者，而开放式指数基金的买卖发生在投资者之间，不影响投资者组合的完整性。

开放式指数基金的优点和缺点

因为开放式指数基金的被动跟踪式的管理方式，费率以及股票的换手率都很低（和指数型共同基金一样），这也使得开放式指数基金的资产增加值税费更低。

投资开放式指数基金的优点和缺点

开放式指数基金与开放式共同基金、指数基金以及封闭式基金都有一定的相似性，了解开放式指数基金的优点和缺点对于投资者来说十分有必要。

开放式指数基金提供多元化的投资组合（和共同基金一样），但是开放式指数基金和股票一样进行交易。即使开放式指数基金的变动是因为跟踪的指数内的成分股波动导致的，但单个个股的波动对于开放式指数基金的影响相比个股对于一个投资组合的影响要小很多。

开放式指数基金的买卖收费比较低并且有税务优惠，这点和指数基金比较相似。

开放式指数基金的买卖和股票一样是通过经纪商以市场价格为基础交易的，共同基金则只能在交易日临近结束时以结算价交易一次。

开放式指数基金没有高额的投资门槛，中小投资者可以广泛接触以全市场、某个行业以及某个国家为标的的股票。

开放式指数基金的缺点是交易手续费的收取，免佣共同基金则免除了交易的手续费。这些手续费对于那些高频率换手的投资者而言是不划算的。

开放式指数基金价值增长过于集中的依赖于其标的的行业增长。2006年电信行业有着巨大的回报率，但是并不是所有的电信行业的开放式指数基金都分享了其回报。

投资者应该投资个股还是开放式指数基金

共同基金、封闭式基金以及开放式指数基金的高度多元化，使得投资组合避免了受到单个股票不可预计下跌损失的影响。专业的投资经理有更快速的渠道获得不同主题的信息，也能够对于不同的信息做出更快的反应。开放式指数基金和指数基金一样，是被动的管理方式。然而，在现实中关于购买个股还是共同基金仍然存在很大的争议：个股和单个债券的收益率常常都高于共同基金的收益率，这种情况是现实存在的，即使共同基金免除佣金，但是还有销售佣金以及年度营运费包括管理费和服务费即12b-1费用，其他费用即包括托管费、财务费、法律费，这些费用都降低基金了的回报，而如果投资于个股，则可以避免这些费用。一般而言，开放式指数基金的费用比共同基金要低，然而，个股、开放式指数基金以及封闭式基金的买卖，都要收取交易手续费。

如果你有一笔小的资金需要投资，共同基金和开放式指数基金是更好的选择。2000美元的投资可以购买一部分高度多元化的股票基金的份额，然而如果是购买个股，这笔钱可能只能购买一手普通股票。对于那些没有足够资金分散投资，或者没时间、没有专门知识、没有管理个股倾向的投资者而言，投资共同基金是个很好的策略。另外，多元化投资的共同基金和开放式指数基金避免了投资者进行个股的选取。开放式指数基金投资者不受共同基金设定的最低投资额阻碍，开放式指数基金也可以购买开放式指数基金内的单一股票。

表12-2比较了投资个股、共同基金、封闭式基金以及开放式指数基金的特点。

表12-2 个股、共同基金、封闭式基金以及开放式指数基金的特点

	个股	共同基金	封闭式基金	开放式指数基金
多元化	只有购买大量并不同相关性的股份，才能实现	小投资即能实现	小投资即能实现	小投资即能实现
买卖的便利性	在交易时间买卖股份便利，购买债券相对困难	买卖方便，交易只在每日收盘前发生	购买方便，卖出有流动性风险	在交易时间买卖股份便利
专业的管理	无	有	有	复制市场指数
买卖时的花费和成本	买卖都有手续费支出	基金费用取决于基金收费	基金费用取决于基金收费	买卖都有手续费支出，低额的管理费
税务计划	容易预计收入和资本收益或损失	税务计划易被不可预计的收入或资本收益分配影响	税务计划容被不可预计的收入或资本收益分配影响	比共同基金有更多的税务优惠

第 12 章 交易型开放式指数基金

价值投资者如何选择开放式指数基金

在投资之前，价值投资者应该明白开放式指数基金的投资内容，并观察该开放式指数基金是否有跟踪指数标的。例如，一个跟踪标普 500 指数的开放式指数基金的收益率，应该接近于标普 500 指数的增长率减去开放式指数基金的费用支出。然而，许多开放式指数基金落后于基准指数的回报率，这种差异我们称之为"跟踪误差"。任何投资者都不希望投资于回报率远远低于基准的开放式指数基金。在比较类似的开放式指数基金时，应该选择跟踪误差最低的。例如，投资者正在考虑一个新兴市场的开放式指数基金，那么应该选择一个跟踪误差最低新兴市场开放式指数基金。晨星公司观察发现，MSCI 新兴市场基金指数（代码 EEM）的跟踪误差，从 2010 的 0.52%下降到了 2011 年的年 0.13%。除了从晨星公司那里获知基金的跟踪误差之外，投资者还可以从年报以及招募说明书里比较不同指数基金的收益与其跟踪标的收益之间的差异。

跟踪误差发生的原因有许多，比如，基金的费用与支出减少了其收益率，开放式指数基金持有股票与跟踪标的股票的差异，开放式指数基金部分未投资的现金头寸或者跟踪标的成分股的更改，股利发放时间的不同，市场的波动，为了符合政府监管的成本支出。从这些理由中，投资者不难找出自己感兴趣的开放式指数基金发生跟踪误差的原因。

投资者还需要比较不同基金的费用比率——在跟踪相同标的开放式指数基金之间比较时费用比率，尤为重要。在评估开放式指数基金跟踪误差时，投资者应该避免那些因为高费用支出导致误差加大的基金。一般来说，开放式指数基金业绩不会超过其跟踪标的，价值投资者应该做的就是，详细调研哪一块经济领域最值得投资。

除了开放式指数基金的总收益、费用、成本之外，投资者在购买前还要检查开放式指数基金的风险概况。例如，跟踪境外国家的开放式指数基金风险概况，要高于国内的开放式指数基金。例如，单纯投资中国的基金则面临着中国的特有风险（持有上市公司股票信息的不足、政治、经济和社会风险，经济增长率下滑，外汇波动、税收壁垒以及其他可能影响到中国公司增长的贸易壁垒）。同样，跟踪境外国家的开放式指数基金，一般都会集中投资于某一个行业，这也使得该基金容易受到这个行业不良事件的影响。最后一点使跟踪境外国家的开放式指数基金的多元化程度到底如何成为疑问。如果开放式指数基金集中投资于某一个行业的某些股票，这种基金的分散化程度是比较低的，而且风险则高于那些多行业投资的基金。投资者可以从基金发起人的官网，或者纳斯达克官网，获得基金持有股票的信息；如果在这些网站找不到，投资者还可以去美国证券监督委员会（SEC）的 EDGAR 官网获得，因为所有的基金发起人必须向美国证券监督委员会披露信息。

另一个投资者也必须考虑的重要因素，是开放式指数基金在交易所的流动性。不活跃的开放式指数基金，很可能会有一个巨大的买卖价差。细微的买卖价差也意味着该开放式指数基金的交易比较活跃。例如，一个基金的买价为 10 美元，其卖价是 10.01 美元，其买卖价差则是 0.01 美元。另外，流动性差的开放式指数基金没有大量的买方和卖方，一旦持有投资者进行买卖活动，就会加剧其市场价格上升或下降。流动性强大的开放式指数基金，则有大量的买方和卖方，当买卖行为发生时，不会造成很大的价值损失。了解开放式指数基金的流动性，可以通过观察该基金每天的交易量，日平均交易量大的开放式指数基金的买卖价差都比较小，并且当交易量达到峰值时价格受影响的变动较小。

价值投资者也要警惕组合周转率高的开放式指数基金，高的投资组合周转率意味着更高的周转费用，这种费用也降低了最后的总收益。第一信托大型股成长机会基金的周转率为 162%，而和其同样是跟踪大公司的道琼斯平均工业指数的周转率，则是 0。

第 12 章 交易型开放式指数基金

价值投资者特别喜欢关注一些已经失宠的领域和国家,因为这些基金持有的投资标的目前都在市场上出售。然而,投资于这些基金需要非常小心。第一,开放式指数基金已经是处于一个非常成熟的行业周期里,无法盈利的开放式指数基金都会被发起人清盘关闭。2012年底,市场上有1400多只开放式指数基金,但是新增开放式指数基金的增长比例已经逐年下降。因此,如果一个开放式指数基金无法吸引新的投资并且基金发起人一直在亏损,那么关闭该开放式指数基金会是个好的选择。所以,价值投资者在投资价格显著回落的开放式指数基金时,应该始终提醒自己,基金可能存在的清算关闭风险。

投资者应当认识到开放式指数基金持有的股票存在的风险以及开放式指数基金可能面对的其他风险。开放式指数基金持有标的为债券,则面临着利率风险以及通货膨胀的风险:当利率上升时,债券价格就会下降,这也意味着持有债券的开放式指数基金的净资产会下降;通货膨胀也会侵蚀债券的价格,因为债券都是固定收益的证券。所以,在利率可能上涨或者通货膨胀率上升的时候,价值投资者不能购买债券型的开放式指数基金。

同样,投资者需要了解开放式指数基金的杠杠运行情况以及反向开放式指数基金。反向开放式指数基金是指通过跟踪标的证券、债券、大宗商品指数的下降获得收益的基金。带杠杠的开放式指数基金是指通过融资、衍生品互换、期货合约等带杠杠的投资方式扩大收益回报率的基金。这些开放式指数基金比常规的开放式指数基金有更大的特殊风险。

绝大多数的开放式指数基金的业绩都不会超过它们的跟踪标的,所以投资者必须在选择前做大量的研究调查。价值投资者一般特别喜欢关注一些已经失宠的领域和国家。表12-3列出了截止到2012年11月30日某些领域1年期和5年期最好和最差的收益。

表 12-3　共同基金分类表现

投资标的	1年回报率%*	5年回报率%
大型成长类	13.4	1.2
大型价值类	14.6	-0.6
中型成长率	9.3	1.5
中型价值类	14.6	2.2
小型成长类	9.8	2.0
小型价值类	13.2	3.3
健康/生物技术	23.2	6.9
自然资源	-0.7	-2.9
房地产	18.8	3.1
国际市场	11.0	-4.4
新兴市场	8.1	-3.3
拉丁美洲	1.5	-2.9
高收益应税债券	15.5	7.7

*1年期以2012年11月30日为截止日。

来源：2012年12月3日《华尔街杂志》。

价值投资者不会去追逐已经表现很好的健康/生物技术和高收益应税债券领域。自然资源板块收益率看起来不是很高，但是通过对克利夫斯自然资源公司的分析，我们可以得知其价格是被市场大量的卖空打下来的，这也意味着该领域对投资者有着潜在的价值。

开放式指数基金让个人投资者能够更便捷地投资到新兴市场和其他领域包括小盘股、债券、大宗商品和杠杠基金。有技能的价值投资者投资个股或单个债券的收益率，可能比投资于开放式指数基金更高，然而，这也要花费投资者很多的时间和精力去研究个股，并建立其自己的投资组合。

第 13 章 债券

主张投资于股票的投资者认为,从近 10 年、20 年和 50 年的历史来看,股票的收益率都远远超过债券或者其他金融投资产品。然而,从短期的角度来看,结果可能完全不同。债券短期收益率几乎都高于股票的收益率,价值投资者必须了解债券高于股票收益率的具体情况。历史上,在萧条、利率上升以及通货膨胀率上升时,债券收益率高于股票收益率,并且短期债券收益率要高于长期债券收益率。

投资者如果只投资一种类型的资产,则面临相对更高的投资风险。假设一个投资者仅仅投资于股票市场,在 1995 年 3 月到 2000 年 3 月这段时间内,因为股票市场的高涨,投资者能获取不错的回报,债券或者货币市场回报率远远落后于股票。然而,在接下来的两年半的时间里,整个股票市场市值下跌了 50%,科技股甚至下跌了 80%,但是债券收益率仍然为正。2003 年到 2005 年股票市场又重新开始增长,不过回报率远远不及 2000 年 3 月的高点。

如果投资者能够预知这些市场变化,那么会在 1995 年到 1999 年投资于股票市场,在 2000 年 1 月到 2002 年将所有头寸转移到债券市场,并在 2003 年到 2004 年回到股票市场;如果投资者真能预知的话,收益率将高得难以置信。但是问题在于,投资者不知道什么时间应该全部投资于股票市场,又在什么时间全部转换到股票市场。从这个例子中投资者应该认识到：

- 市场未来的变化是不可预测的，所以我们不应该将所有鸡蛋都放在同一个篮子里，不能只投资于股票市场或只投资于债券市场。我们希望最小化潜在的风险。
- 最小化风险关键，在于分散化投资于相互关联性小的投资标的，即不会同时涨跌的品种。当投资组合里一个资产价值下降，另一个资产类型会上涨，这样就能最小化投资组合的风险，并寻求整体正收益的可能性。

每一个投资者都应该认识到投资于债券的理由：

- 投资于一个多元化的投资组合，包括股票、债券、货币基金以及其他类型资产，能够减少市场不确定性波动带来的损失风险。债券像游轮上的船锚，在股票市场下跌时，充当一个缓冲器的角色，减少整个投资组合的风险损失。
- 投资于债券市场能够提供资金的保障，因为债券发行人都会按时支付股利，并在债券到期时偿还本金。
- 一些类型的债券能够获得税务的减免。市政债券不用支付联邦税收，并且债券发行的州或地区也可能有免税政策。
- 如果债券投资者需要资金周转，也可以在到期之前卖出债券获得现金。
- 债券的风险远远小于股票。国债相当于无信用及违约风险债券，具有高信用等级的债券也很少拖欠利息和本金。
- 债券投资能够保值本金，并且有机会获得资本增加值。

尽管投资于债券有这么多的好处，但是许多投资者都不喜欢投资于债券，因为其不能像股票一样带来资本增值。这也是事实，因为债券的确不是股票，债券能为投资组合中提供一个低风险的投资标的。所以，所有投资者都应该在其投资组合里配置一部分的债券头寸。

股票价格由公司的增长率和股利收入决定，投资组合的收益，则是由其所投资的股票股利分红以及资本增加值决定。债券给投资者提供了可预计的稳定现金流，定期利息的支付也使得债券的风险低于股票。投资者可以投资选择单个债券、债券共同基金、封闭式债券基金以及债券开放式指数基金等投资债券的方式。当一家公司的收益上升时，其股价一般就会上升，但是债券价格的波动原因和股票价格完全不同。债券价格往往在经济上行时下降，在经济萧条时上升。因此，几乎每一个投资组合必须包括债券，但是，投资组合里到底应该配置多少比例的债券呢？

了解债券的特点能帮助投资者获得这个答案。

单个债券的特点

债券是一种金融契约，是政府、金融机构、工商企业等直接向社会借债筹措资金时，向投资者发行，同时承诺按一定利率支付利息，并按约定条件偿还本金的债权债务凭证。本金即票面价值，一般来说是1000美元。

债券和借据（IOU）类似，也和存单以及储蓄账户相似。投资者存钱获得存单，其实本质上就是借钱给了银行，银行支付利息给存款者，并且在存单到期时将本金还给存款者。同样，债券投资者借钱给债券发行人（公司或政府），这种行为后投资者成了债券债权人，而不是像投资股票后成为公司股权持有人。作为报酬，债券投资者能够获得一定的利息收入，直到债券到期。几乎所有的债券都有到期日，在到期日债券投资者可以拿回自己的本金。

债券、存单以及储蓄账户最大的区别，就是债券投资者可以在债券到期之前在二级市场出售自己的债券。储蓄账户或者存单不能出售给其他的投资者（虽然金额超过100，000美元的存单可以在到期前协议贴现）。债券更像是双方协商后的借条，不像储蓄账户或存单债券发行人必须按期支付利息并且到期偿还本金。这些按期支付的利息也吸引了一部分希望获得固定收益的投资者。

所有的债券都具有相似的特点。债券都有票面价值，债券到期时，票面价值偿还给投资者。债券的票面价值一般都是1000美元，也有会一些例外。票面价值也是利率的计算标的。假设，一个投资者以其票面价值1000美元购买了这个债券，在到期日时，投资者就可以获得1000美元的本金收入，债券的到期日可以从1天到100年，少于1年的债券，我们称之为短期债券，1年到10年的债券，我们称之为中期债券，10年以上的债券（通常最长30年），我们称之为长期债券。迪斯尼公司有一些公司债券的期限是100年，但是市场上这类期限的债券很少。

债券有两种到期类型，最普遍的是定期债券（term bond），其中同一批发行的债券到期日都相同；另外一种则被称为系列债券（Serial bonds），即同一批发行的债券到期日不同。

债券的票面利率即债券每年支付的利息，一般都是用利息除以票面价值百分比的形式。如果票面利率是5%，那么债券发行人每次需要支付50美元（5%乘以1000美元的票面价值）的利息。许多债券都是每半年支付一次利息，那么5%票面利率的债券的持有者每6个月收到25美元的利息。有些债券的利率是变动或浮动的，通常会与一些指数的表现挂钩，这些债券的利息随着跟踪标的波动而不同。

债券的价格受到票面利率以及市场利率的影响。图13-1展现了债券价格与市场利率之间的关系。假设投资者去年在市场利率为5%时，以1000美元的价格购买了票面利率为5%的债券。今年，市场利率上涨到了6%，此时投资者出售持有债券的价格是多少呢？很明显，新的投资者不会以1000美元的价格再去购买这个债券，因为市场上已经有票面利率6%的债券了，因为新的投资者期望的最低回报率是6%，所以老投资者手中的债券必须折价销售，以获得市场投资者们的认可。

同样，如果市场利率下降到了票面利率以下，新的投资者会愿意以超过1000美元（溢价）的价格购买这个债券。所以，债券价格易受到市场利率的影响，也受到我们后面会提到的其他因素影响。

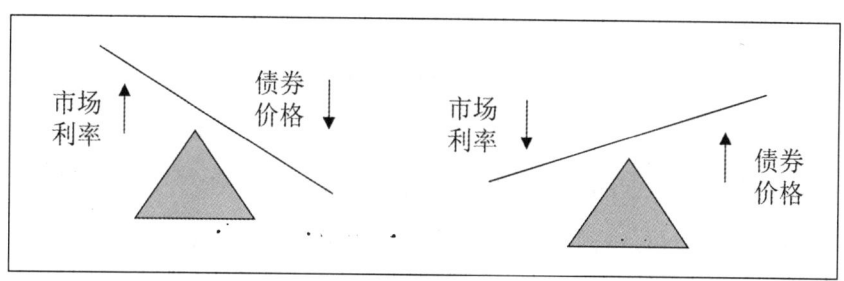

图13-1 债券价格与市场利率

债券价格

债券不必须以票面的价值在市场流通，它们的交易价格可以低于或高于票面价格。以低于1000美元出售的债券，我们称之为折价销售。

例如，凯撒娱乐公司债券票面利率为10.75%，2016年到期，在2013年2月27日以每份927.5美元折价发行。即使票面利率比市场利率高了很多，但由于该公司运营情况的不确定性，该债券只能折价发行。

以超过1000美元的价格销售的债券，我们称之为溢价。当纳利印刷公司的债券票面利率为6.125%，2017年到期，在2013年2月27日以1020美元的价格销售，这20美元的溢价，是因为为获得6.125%的票面利率，有许多投资者愿意支付溢价。

赎回条款

价值投资应该关注债券合约的所有条款，特别是赎回条款和退款条款。赎回条款允许债券发行人在债券到期前，以一个固定的价值赎回债券。许多债券都包含赎回条款，这使得债券发行人可以在到期日前任何时间，以固定价格赎回发行出去的债券。在赎回之后，债券发行人不再需要支付债券的利息，这也迫使持有人放弃继续持有其公司的债券。

当市场利率下降到票面利率以下时，债券发行人一般都会执行赎回条款。这一行为剥夺了债券持有人原本高于市场利率的收益，债券发行人则可以回购高票面利率的债券，再以目前较低的市场利率为票面利率，再发行新的债券，这种措施可以降低发行人的整体借款成本。假设一个公司在市场利率较高的时候发行了10%票面利率的债券，随后市场利率下降到了6%，对于债券发行人来说，最好的选择应该是以6%的票面利率发行新的债券，来获得资金回购老的债券。然而，如果一个债券包含退款条款，债券发行人不能通过发行低票面利率的新债券来获得资金来回购高票面利率的老债券。

价值投资应该关注债券的所有条款，特别是赎回条款和退款条款。通常，带有赎回条款的债券有三种：

1. 不可赎回债券，指债券发行人在到期日前不得提前赎回的债券。不可赎回债券为投资者提供了最好的保护，但是也有许多的漏洞。不可赎回债券有时候也会被赎回，比如天灾或火灾，又或是某个公司停止支付债券利息，这时投资者都会卖出债券，而这些公司则能提前偿还债务。不可赎回的终身债券在做市商市场交易流通。

2. 不受限赎回债券，指债券发行人可以在债券到期日前任何时间进行回购，此种债券不利于债券投资人利益的保护。

3. 递延赎回债券，指债券发行人只有在一定期限后才能赎回的债券。递延赎回债券给了债券投资者一定的保护，因为债券发行人只有在一定期限（发行5、10、15年后）后才能进行赎回。2015年以前不能赎回的债券（NC15）都在做市商的报价表里。

因为赎回条款对债券持有者是不利的，所以债券发行人给出的赎回价格会高于该债券的票面价值。赎回价格是指债券发行人赎回未到期债券付出的价格。赎回价格一般等于票面价格加上赎回溢价。赎回溢价在赎回条款中会有明文约定。

同等风险和同样到期日的可赎回债券的票面利率，一般都会高于不可赎回债券，这种相对较高的收益率，是用于补偿投资者债券可能会被赎回的风险。投资者应该在购买债券之前详细阅读该债券的赎回条款细则。

价值投资者应该远离那些溢价发行的可赎回债券，因为一旦债券被赎回，投资者没有足够的时间回收自己付出的溢价。

回售条款

回售条款是指债券投资者可以以一个约定的价格（票面价格）在到期日把债券回售给债券发行人。回售条款是债券投资者和债券发行人之间的契约条款，代表着债券投资者的利益，债券投资者可以选择执行回售债券的权利。

回售条款可以让投资者以票面价格回售给债券发行人，这也保证了投资者最低的回报，即票面价格。在利息上升或者信用风险加剧时，回售条款能在一定程度上保障债券投资者的利益。然而，这些保障都是有成本的，所以，一般带有回售条款的债券价格都会高于同类型不含回售条款的债券。

偿债基金条款

偿债基金条款是指允许发行人拨出资金，成立一个用于支付到期债券本金的基金。一种类型的偿债基金是随机选择自己发行的到期债券进行回购，在债券回购之后，投资者人也不获得利息收入；另一种偿债基金允许发行人支付金额给基金投资人，然后累计到债券到期日再回购。发行人也可以在债券市场购买回债券，当债券价格折价发行时，这种公开市场回购更容易发生。偿债基金条款和赎回条款的区别是，后者不用支付溢价去购买回债券。

偿债基金条款重要性是双重的：

◆ 偿债基金条款给债券投资人提供了一定的保障，因为偿债基金保障了到期后本金的偿付。根据不同的市场环境，偿债基金条款能减少债券价格的波动性。

◆ 随机偿债条款基金的债券投资者在债券到期日前收回本金，所以，偿债基金条款其实也限定了该类债券价格的上限。

抵押债券或无抵押债券

债券人可以发行抵押债券和无抵押债券。抵押债券是指以某个资产作为债券的抵押品，如果债券发行人出现违约，债券持有人可以处理该债券抵押的标的资产。例如，抵押贷款债券（以房地产为抵押的债券），抵押信托债券（债券发行人持有，但目前由第三方信托机构运营的资产作为抵押的债券），设备信托凭证（以设备作为抵押的债券）。一个以电力设备作为抵押的公共事业公司发行的抵押债券，投资者的认可度是多少呢？当这家公共事业公司破产时，投资者真的会去运营这些电力设备吗？尽管有抵押的债券提高了债券的安全等级，但是投资者仍然不希望发行人出现利息或本金支付上的违约，万一发生破产违约的情况，抵押品可能缺乏市场或公允价值，本金的追诉也涉及昂贵的诉讼费以及漫长的等待时间，所以，投资者应该更加关注债券发行人的偿债能力，而不是单单看是否有抵押。

无抵押债券是指以债券发行人的承诺为偿付保证的债券类型。利息以及本金是否按期支付，完全取决于发行人的信誉。一个发行人可以在任何时间发行不同类型的债券，当一个公司有许多债券时，偿付顺序变得尤为重要（尤其是破产阶段）。优先级债券在公司破产清算后是最先被偿付的，在破产清算时，次级债券如无抵押债券，其偿付要晚于抵押债券和优先级债券。

第 13 章 债券

信用公司债属于公司发行的无抵押的债券，在破产清算时公司债券，债券持有人则成为公司的一般债权人。因此，投资者都会评估信用公司债发行人的盈利能力，作为安全的保障。通常只有成熟并且信誉高的公司，才能发行信用公司债。次级信用债券是指在破产清算时偿付顺序在抵押债券和信用公司债之后的债券类型。收益债券是指规定无论利息的支付或是本金的偿还，均只能自债券发行公司的所得或利润（公司若无盈余则累积至有盈余年度始发放）中拨出的公司债券。

债券契约

债券契约是指法律文件中规定债券协议中的条款。

债券都有相似的特点，总结如下：

◆ 到期日：偿还本金的日期
◆ 利息支付：债券发行人借款时承诺给予投资者的报酬
◆ 归还本金：债券发行人承诺的在到期日归还的金额

所有债券都有一个主协议，即债券契约包括了债券所有要求和条款。债券发行人必须满足契约中的所有条款，尤其是及时支付利息和归还本金，如果没有及时履行则构成违约。下面是债券契约中比较常见包含的条款：

◆ 债券发行的数量
◆ 票面利率
◆ 利息支付频率（一年一次或半年一次）
◆ 到期日
◆ 赎回条款，如果有，在什么样的条件下债券发行人能在到期日前赎回债券

- 偿债条款，如果有，在什么样的条件下债券发行人在到期日之前不能通过发行新的债券来赎回老的债券
- 偿债基金条款，如果有，则债券发行人需要将自己盈利部分留存至该基金用来偿付债券，这给债券投资人的投资带来了一定的保障
- 回售条款，如果有，允许债券投资者以票面价格回售债券给债券发行人

投资债券的风险

投资债券并不是完全没有风险，债券的风险取决于债券的种类和发行人的具体情况。下面是债券投资者可能面临的潜在风险：

- 利息不被支付（信用及违约风险）
- 本金不被偿还
- 债券价格在到期日前下跌至当时购买价以下（市场利率风险）
- 利率下降时，债券持有者在持有期间收到的利息收入、到期时收到的本息、出售时得到的资本收益等，用于再投资所能实现的报酬，可能会低于当初购买该债券时的收益率（再投资风险）
- 利率上升时，会引起债券价格下降
- 通货膨胀率上升，侵蚀利息和本金收入的实际购买力（通货膨胀风险）
- 债券可能在到期日前被赎回

投资者必须清楚地认识到上面这些不同类型风险对债券的影响。

市场利率风险是指市场利率的变动对于债券价格的直接的影响，固定收益率的证券收益和利率的变动方向相反。在利率上行的时期，固定收益

类产品的投资者其实是亏损的，因为利率的上行，新的投资者会要求一个更好的回报率。同样，在利率下行的时期，固定收益率产品的价格会上涨。到期时间越长的债券，风险越高，投资者可以配置到期期限较短或者不同到期日的债券，以减少投资组合的利率风险。债券投资者如果要持有债券至到期，都必须去最小化自己的利率风险，但与此同时，其也面临着另一个风险，即我们上文提到的再投资风险。

信用风险（违约风险）指债券发行人在约定日期不能支付利息或本金的风险。信用风险是信誉债券发行人的主要风险。信誉是指债券发行人按时支付利息和本金的能力。不同债券发行人的信用风险不同，美国国债没有信用风险，因为其有美国政府的担保，美国政府机构债券可能会有一点点的违约风险，这取决于发行政府机构的财务能力，也不是所有的政府机构债券都以美国联邦政府承兑。由各个州或当地政府发行的债券的风险，也取决于该州或机构的财务健康程度以及收入能力。对于企业发行人来说，信用风险与该企业的资产负债表、收入报表以及利润率有关，例如，安然公司的债券价格在安然丑闻破产后一路暴跌，破产清算时，投资者只回收了14%的本金，即1000美元面值的债券只回收了本金140美元。价值投资者应该认识到，并不是所有的债券都是以低于实际价值发行的，所以，投资者投资债券的第一步，是选出那些发行价低于实际价值的债券，然后分析该发行人（公司、政府、市政机构）的收入能力是否足以支付利息以及偿还本金。

信用评级是用来衡量债券发行人按期支付利息以及到期偿还本金的能力的分级标准。独立的评级机构会评估市场上的政府和公司债券信用风险。表13-1是一个信用评级的名单，从发行人盈利和偿付能力强的最高评级，到发行人可能发生违约的最低评级。经济实力雄厚的公司或政府的运营或金融风险都会比较低。

穆迪以及标准普尔是世界最知名的两家评级机构，他们的评级比较相似，但不完全相同。标准普尔按照债券质量的高低排序分为AAA、AA、A

和 BBB，比 BB 级还要低的债券，被视为垃圾债券和投机性高的债券。因为垃圾债券的评级比较低，这些垃圾债券的发行人利息支付以及本金偿还的违约风险比较高。

表 13-1 债券评级

穆迪	标准普尔	评级的解释
Aaa	AAA	最高质量
Aa	AA	高质量
A	A	债券偿付能力强，但是未来可能会减值
Baa	BBB	中等质量
Ba	BB B	利息和本金没有完全保障。这类评级的债券带有投机性
B Caa Ca	CCC CC C	巨大不确定性的投机债券
C	DDD DD D	违约中

这些评级只是给债券投资者提供一个相对的指南，因为债券发行人的金融情况随时在变化，也有可能发生低估了一些债券评级的情况，而评级下降往往会引起债券市场价格的下降，与之相反，债券评级上升则使债券价格上升。同一个发行人发行的不同类型的债券，可能会有不同的评级。如果持有的债券评级如果从 AAA 下降到 A，投资者不必过于惊慌，因为其评级仍然代表着高质量，但是如果债券评级下降到了 BBB，投资者就应该考虑是否继续持有该债券。

投资者可以通过购买高质量的债券（标准普尔 A 级以上）减少信用风险和违约风险，并分散化自己的投资组合；换句话说，不要把所有的资产都用于投资一个发行人发行的债券,而要在债券市场中购买不同发行人以及不同行业的债券。

赎回风险是指债券在到期日之前被债券发行人赎回的风险。有赎回条款的债券都存在赎回风险。许多的公司或政府债券包括赎回条款,允许债券发行人在到期日之前以一个约定的价格赎回债券,这种条款有利于债券发行人的利益,但损害了投资者的利益。当市场利率下降到票面利率以下时,债券发行人一般都会执行赎回条款,回购高票面利率的债券,再以目前较低的市场利率为票面利率,发行新的债券。

如果债券投资者是以溢价价格购买的债券,在投资者回收自己支付的溢价之前发行人就赎回债券,投资者将遭受损失。投资者可以通过预测市场利率未来的走向,来评估债券的赎回风险到底有多大。正因如此,相对于同类型的不可赎回债券,可赎回债券的市场价格会更低。

为了最小化赎回风险,投资者应该仔细分析债券的赎回条款,并选择那些赎回概率小的债券,尤其在考虑投资于溢价发行的债券时。

购买力风险是指通货膨胀率上升时侵蚀利息和本金收入的实际购买力的风险。购买力风险发生在通货膨胀时期,直接影响债券的价格。因为债券的利息支付是固定的,这些收入都会被通货膨胀率所影响。当通货膨胀率上升时,债券价格会下降,因为投资者收到的利息的实际购买力下降。为了避免购买力风险,投资者应该投资于收益率高于预期通货膨胀率的债券。如果预计通货膨胀率会发生变化,投资者可以投资于浮动利率的债券,它们的票面利率与市场利率和通货膨胀率直接挂钩。

再投资风险是指债券持有者在持有期间收到的利息收入、到期时收到的本息、出售时得到的资本收益等,用于再投资所能实现的收益率,可能会低于当初购买该债券时的收益率。所有的付息债券都有再投资风险,尤其是在市场利率可能下降或已经下降的阶段。零息债券没有利息的支出,所以没有再投资风险。

流动性风险是指投资者出售债券时卖价和市场价有明显的价差。这种风险广泛存在于交易不活跃的债券中,其卖价和买价之间有巨大的价差。在乎流动性的投资者应该投资者于交易活跃的债券品种,始终牢记不活跃的债券就像货币市场债券一样。

收益类型和收益曲线

债券价格和收益率的关系,如图 13-2 所示。当债券收益率上升时,债券的价格下降,债券收益率下降时,债券价格上升。债券的现金流和投资者的最低要求回报或市场利率,是决定债券价格的两个最重要的因素。在下面我们将介绍四种基本类型的收益率。

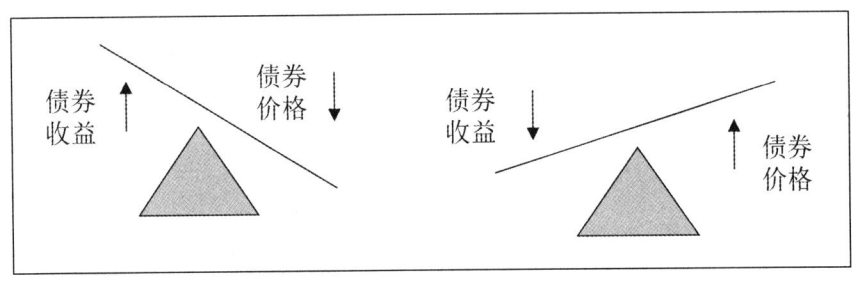

图 13-2 债券价格和收益

息票收益率

息票收益率是在债券发行时就决定的债券收益率,也是债券发行人承诺每年支付给债券投资者的利息支出金额,一般以百分比的形式显示。例如,一个票面价格为 1000 美元的债券,每年支付 40 美元的利息,其息票收益率就是 4%。息票收益率在债券有效的生命周期都是固定的,除非是浮动收益率的债券。

当期收益率

当期收益率是指债券年的收入与购买债券价格之间的关系。当期收益率与息票收益率的不同点，是当期收益率是除以购买债券的价格，而息票收益率是除以票面价格。下面的方程式解释了当期收益率的计算方法：

$$当期收益率 = \frac{利息收入}{债券购买时的价格}$$

例如，某个债券以票面价格1000美元发售，息票收益率是5%（每年支付50美元的利息），当期收益率也是5%（和息票收益率一样）。然而，大多是债券是折价或溢价销售的，如果投资者以1100美元购买了某个票面价格1000美元的债券，息票收益率仍然是5%，但是这时该债券的当期收益率则是4.54%（50/1100）。

债券价格、当期收益率以及息票收益率之间，有着紧密的关系：以低于票面价格折价发行的债券，当期收益率高于息票收益率。同样，以高于票面价格溢价发行的债券，当期收益率低于息票收益率。表13-2总结了这些关系。

表13-2 债券价格、当期收益率以及息票收益率之间关系

债券价格	
折价	当期收益率>息票收益率
平价	当期收益率=息票收益率
溢价	当期收益率<息票收益率

对于那些关心当期收入的投资者而言，当期收益率是非常有用的衡量指标。

到期收益率

到期收益率是指投资购买债券并持有到期获得的未来现金流量的现值收益，它相当于投资者按照当前市场价格购买，并且一直持有到满期时可

以获得的年平均收益率,其中理论的基础假设,是每期的投资收入现金流的再投资收益率与到期收益率相同,也可以理解为购买债券的内部收益率或预计收益率。到期收益率是投资者最关注的一项指标。表13-3显示了如何运用EXCEL软件计算到期收益率。

表13-3 运用EXCEL计算债券到期收益率

假设,某个持有至到期的债券购买价是770.36美元,息票收益率为5%(50美元每年),10年的有效期,求到期收益率:

点击在工具栏表格最上面一行的f*,将会显示一系列的功能,选择其中左边的金融和右边的利率,再点击OK,将会形成像下面一样的五行的表格:

Nper	总支付次数
PMT	每期利息金额
PV	购买债券的价格
FV	债券的票面价格
Type	按0,表示一个阶段投资者的支出
Formula result = 0.085	

到期收益率是8.5%。

如果投资者的电脑上没有按照EXCEL软件,也可以按照以下公式进行计算:

$$YTM = \frac{息票给付 + \frac{1000-购买价格}{有效期}}{\frac{1000+购买价格}{2}}$$

$$\text{YTM} = \frac{50 + \dfrac{1000 - 770.36}{10}}{\dfrac{1000 + 770.36}{2}} = 8.24\%$$

使用公式计算的结果会低估债券的真实到期收益率,因为公式无法计算到期债券利息复利支付的金额,低估到期收益率。

到期收益率成立,要基于两个假设:

◆ 债券是持有至到期的
◆ 债券投资者的利息收入,可以以债券到期收益率的回报进行再投资

如果债券不是持有至到期的,投资者可以使用持有债券期间的价格代替债券到期日的价格,来计算内部收益率。

到期收益率还假设债券投资者的利息收入可以以债券到期收益率的回报进行再投资。如果这个假设不成立,持有债券回报和到期收益率将会不一样。假设投资者收到的利息收入没有用于再投资而是消费了,那么这份利息收入就没有继续创造收入,投资者实际的收益率会低于到期收益率。同样,如果某个债券到期收益率是8%,但是投资获得利息收入的再投资收益达不到8%,那么投资者实际收益率仍然低于到期收益率。在现实中,因为市场利率一直在变化,投资者的利息收益很难匹配到期收益率,投资者利息收入的再投资收益利率与到期收益率也不一样。

在比较和评估不同评级、不同票面利率以及不同债券价格的债券时,到期收益率十分有效。比如,在比较某个AA评级的债券和某个BBB债券时,投资者可以很明显地分辨出选择低级别债券的收益率增加值是多少。投资者还可以用到期收益率来比较不同到期日的债券。

票面利率、当期收益率、到期收益率以及债券价格的关系总结如下:

债券价格	
折价	息票收益率<当期收益率<到期收益率
平价	息票收益率=当期收益率=到期收益率
溢价	息票收益率>当期收益率>到期收益率

可赎回收益率

可赎回收益率是指允许发行人在债券到期以前按某一约定的价格赎回已发行的债券时，债券投资者的年回报率。当债券存在赎回条款时，债券投资者可以通过替换上面在到期收益率一节提到过的公式里的"到期债券价格"为"约定赎回价格"，来计算可赎回收益率。当债券被赎回时，该债券的可赎回收益率以及到期收益率都已经确定，可赎回收益率还需要通过年化计算得出其年收益率。

收益曲线

收益曲线显示的，是在风险相同的情况下债券收益与到期时间之间的关系。图13-3显示了美国国债在2000年6月21日、2003年6月19日、2004年12月31日、2007年6月15日以及2013年3月5日的收益曲线。美国国债3个月、6个月、2年、5年、10年、30年期限的收益率如下：

	6/21/2000	6/19/2003	12/31/2004	6/15/2007	3/5/2013
3个月期限国库券	5.63%	0.82%	2.28%	4.773%	0.12%
6个月期限国库券	5.92%	0.83%	2.56%	4.96%	0.13%
2年期限国库券	6.43%	1.17%	3.04%	4.98%	0.25%
5年期限国库券	6.20%	2.28%	3.58%	4.98%	0.77%
10年期限国库券	6.02%	3.37%	4.21%	5.02%	1.88%
30年期限国库券	5.89%	4.42%	5.00%	5.25%	3.1%

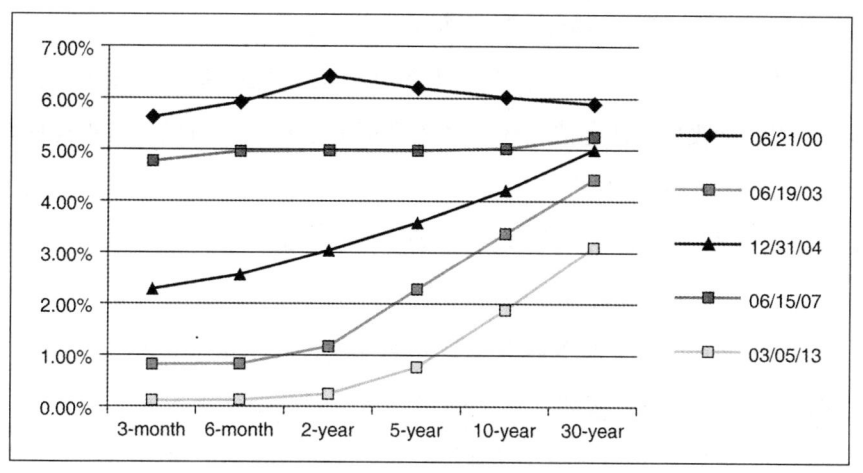

图 13-3　美国国债收益曲线

观察收益曲线给投资者提供了不同收益率、不同到期日债券的快照。图 13-3 展示的是国债的收益曲线，投资者可以根据自己的需求，建立自己其他类型债权（如公司债券、市政债券和机构债券）的收益曲线。

注意 2000 年 6 月 21 日这一条收益曲线，它先是在 3 个月到 2 年的阶段上行，然后在接下来的阶段中一直下行。这种倒置的曲线是非正常的现象。倒置收益曲线一般出现在到期日延长、投资者获得收益需要承担更多风险时。收益曲线有四种基本类型：向上倾斜、水平、向下倾斜以及驼峰凸起，如 2000 年 6 月 21 日这一条收益曲线。最常见的收益曲线是向上倾斜的，如同 2003 年 6 月 19 日、2004 年 12 月 31 日以及 2013 年 5 月 5 日三条一样。到期日长的债券收益曲线，都是一个上升的趋势，因为债券时间越长，投资者的风险更大，债券发行人需要支付更多的利息去补偿投资者的风险。在市场利率处于历史低值时，2003 年以及 2013 年的收益曲线收益率达到了历史的高点。2004 年 12 月 31 日这条收益曲线，在 2007 年开始飙升。

在少数情况下，收益率曲线已经有一个向下的斜坡，此时就显示短期收益率超过长期收益率；换句话说，收益率随着到期日的延长而下降的情况就会发生（如 1979、1981、1982 年时）。

收益曲线的形状每天都会根据市场利率的变化而波动，观察收益曲线，可以帮助投资者决定购买还剩多久到期的债券。价值投资者首先应该通过收益曲线判断是否进行债券投资，再决定投资于多久到期的债券。2013 年这条收益曲线显示了市场利率处在低位，此时投资债券的风险会增加。投资者最大的风险，是短期债券的收益率可能实际上是负数（收益率低于通货膨胀率，并且债券收益是需要纳税的，对于投资者来说无疑是雪上加霜），投资者在投资超长期限的债券时，必须要考虑未来的通货膨胀率。第二个风险则是利率长期接近零时，一旦有成熟的机会市场开始加息，债券价格就会相应下降。

牢记这些关于收益曲线的要素：

- ◆ 大多数的收益曲线都是向上倾斜的，这种情况，长期债券比短期债券更明显。
- ◆ 收益曲线的移动通常都是上下移动。当短期收益率上升时，长期收益率一般也会随着上升；同样，当短期收益率下降时，长期收益率也随之下降。
- ◆ 在经济衰退时期，短期收益率下降的速度快于长期收益率，在经济扩张时期短期收益率快于长期收益率。

如何利用债券收益率构建收益率曲线

利用互联网，将不同收益率的国债构建成一个收益曲线。根据构建的收益曲线，决定是投资于长期债券还是短期债券。信息可从 www.treasury.gov/resource-center. 获取。在该网站的主页会有一个飘动图片，显示每日的国债收益率。

第 13 章 债券

债券的估值

债券价格的波动和票面利率、市场利率（要求回报率）、债券的信誉以及债券的期限长短有关。在债券发行后，一般很少有债券以其票面价值1000美元的价格在二级市场交易，一部分债券会溢价交易，一部分债券会折价交易。

如图 13-4 所示，债券的市场价格取决于债券的利息支付、本金的偿付以及投资者要求回报率。使用货币时间价值方法，债券利息的支付和本金的支付都要按市场利率或者投资者要求回报率折现，计算出未来现金流的现值。

大多的公司债券每半年支付一次利息，这意味着，在计算现值时需要将利息除以 2，并将支付利息次数乘以 2。使用 EXCEL 表格可以很轻松地计算出债券的价格。

当某个债券票面利息为 10%，半年付息一次，期限为 3 年，投资者要求回报率为 6% 时，债券价格是多少？

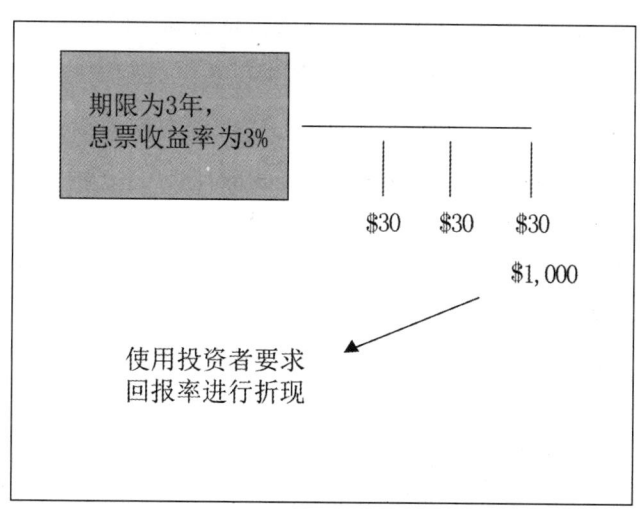

图 13-4　债券的市场价格

票面利率10%，半年支付一次，意味着每6个月支付50美元，半年的折现率为投资者要求回报率6%除以2，即3%。

使用EXCEL计算债券价格的过程，如图13-5所示。

利率	0.03
利息支付次数	6
利息金额	50
未来价格	1000
类型	0
计算结果 = 1108.34	

图13-5 使用债券EXCEL计算债券价格的过程

债券价格与票面利率、市场利率（要求回报率）、债券的风险以及债券的期限长短有关。比较同样票面利率和到期日的国债和公司债券，投资者就会发现，其债券价格会不同，国债的价格会高于公司债：公司债存在更大的违约风险，公司债券一般用更高的利率（或到期收益率）进行折现，所以，这些公司债券的投资者则需要更高的票面利率（要求回报率）作为违约风险的补偿，这和同样收益率和到期日的AAA类公司债券比BBB类债券价格高是一个道理。AAA和BBB收益率的不同，我们称之为超额收益率，用于补偿低评级债券的风险。债券价格波动也取决于债券投资者的风险评估。总而言之，我们可以认为风险越高的债券，收益率越高，市场价格越低。

为什么债券价格会波动

直接引发债权价格波动的因素有许多,包括债券价格、息票收益率、市场利率、到期日、风险等级。下列理论可以解释这些关系:

- 票面利率和市场利率的关系:当市场利率上升超过了票面利率,为了把当期收益率与市场利率相挂钩,债券市场价格就会下降。当市场利率下降,债券价格则相应上升,票面利率越低的债券,受到利率变动的影响越大。
- 债券的期限:期限越长的债券,价格波动的概率越大。
- 假设债券收益变动,到期日越长则价格波动的幅度越大。
- 假设债券收益变动,长期债券利率的减少时,债券价格波动的幅度增大。
- 假设债券收益变动,债券价格的幅度与债券收益率负相关。
- 假设债券收益变动,收益率下降导致的价格上涨的幅度,大于收益率上升价格下降的幅度。
- 风险评级市场:质量越差的债券价格越低,质量越高的债券价格越高,越高风险的债券,价格波动性越强。

市场利率与债券价格

债券价格波动的第一个原因,是债券价格与市场利率的负相关关系。当市场利率上升时,市场上的债券价格下降;当市场利率下降时,市场上的债券价格上升。利率变动时,债券变动的幅度取决于债券的票面利率。市场利率与债券票面利率之间的关系,决定了债券是折价发行还是溢价发行:

- ◆ 当票面利率低于市场利率时，债券折价发行。
- ◆ 当到期收益率高于息票收益率时，债券折价发行。
- ◆ 当票面利率高于市场利率时，债券溢价发行。
- ◆ 当到期收益率低于息票收益率时，债券溢价发行。

市场利率与到期日

债券价格变动的第二个因素，是市场利率与债券的期限长度。有些债券因为到期日的不同，对于市场利率的变动会更敏感。例如，两个相同票面利率但到期日不同的债券，会因市场利率变动而有不同的价格变动；长期债券不会有更多的波动性，其价格变动的幅度也超过短期债券。

图 13-6 总结了这些影响债券价格的主要因素。

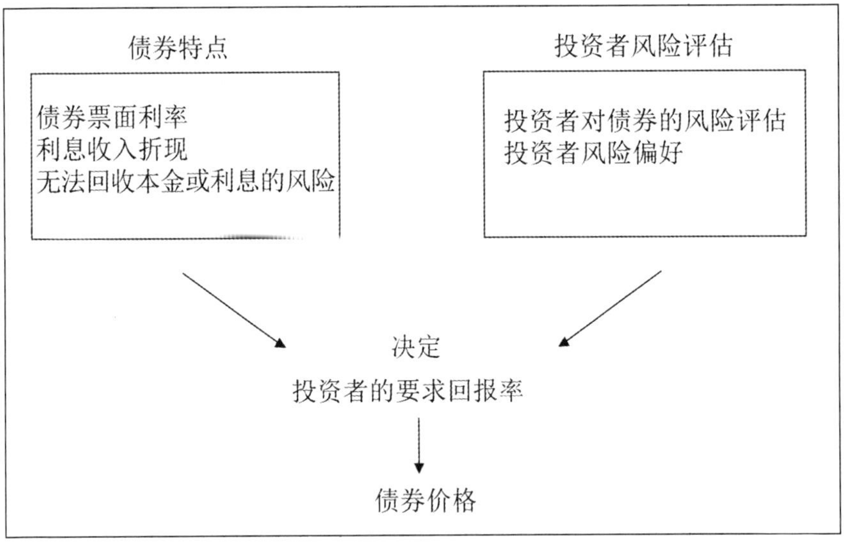

```
┌─────────────────────────┐    ┌─────────────────────────┐
│      债券特点            │    │     投资者风险评估       │
│                         │    │                         │
│  债券票面利率            │    │  投资者对债券的风险评估  │
│  利息收入折现            │    │  投资者风险偏好          │
│  无法回收本金或利息的风险 │    │                         │
└─────────────────────────┘    └─────────────────────────┘
              ↘                          ↙
                       决定
                 投资者的要求回报率
                       ↓
                    债券价格
```

图 13-6　影响债券价格的因素

第13章 债券

债券购买的过程

债券数量数以百计，具体交易更是成千上万种方式，比如，$86¾ 报价的债券，不是以每股 86.75 美元交易，而是以 867.5 美元的价格交易。

买价是指买家愿意出的最高价。例如，某人以 94½ 的价格出售债券，那么最高价格的买家需要支付 945 美元。卖价是卖家可销售债券的最低价。例如，投资者希望购买的债券价格的卖价（即买价）是 94½，而卖价是 94⅝，那么投资者需要支付 946.25 美元（卖家最低的期望价格即卖价）。买卖价格之间的差额，我们称之为价差，一部分价差是经纪商收入的手续费。如果某个债券有巨大价差，则说明其流动性差。

债券购买的方式和股票类似。尽管绝大多数的债券都是通过经纪商公司购买，投资者仍然通过银行或者债券发行人直接购买一些债券。不同市场交易指令（市价指令和限价指令）同时运用在债券市场和股票市场。股票和债券买卖最大的区别，是债券市场的价格缺乏透明度。如果是股票的话，投资者可以轻易搜索到该股票的现价，然而债券的买卖价并不会即时出现在互联网中，因为债券市场是做市商（中间商）市场，不同经纪商给同一债券出的报价完全不同。例如，某个经纪商对于 2028 年到期的通用汽车公司债券报价是 867.5 美元，另一家经纪商很有可能是 900 美元。个人投资者很难收到一个最优惠的报价，并且价差可能会比较大。

尽管有一些公司债券在纽约或美国证券交易所上市，但绝大部分的债券都是在场外市场（OTC）进行交易。投资者可以很轻易找到那些在交易所上市债券的报价，表 13-4 是报纸上某个典型的公司债券和市政债券的报价。

表 13-4　公司债券和市政债券报价

名称	票面利率	到期日	最新价格	最新收益率	预计价差
通用汽车	8.375	2033年7月15日	101.452	8.242	346
	每份债券，投资者每年收到83.75美元的利息收益	债券到期日为2033年7月15号	最新一个交易日2005年1月11日结算价是1014.52美元	最新一个交易日的收益率8.242%，是债券投资者持有债券到期的年化收益率	买卖价差为346或者3.46%
纽约城市债	票面利率	到期日	价格	买价收益率	
	5.00	2034年1月11日	101.778	4.77	
	每份1000美元的债券，投资者每年收到50美元的利息收益	债券到期日为2034年11月01日	前一日的结算价为1017.78美元	4.77%的收益率是指以现在的买价购买债券持有到期的收益率	

应计利息

投资者购买债券的成本可能高于市场买价，因为债券还有应计利息。应计利息是指已发生但未支付的利息费用，它也属于债券价格的一部分。尽管债券每天都产生利息，但债券发行人一年只会支付一到二次利息，因此，如果投资者在债券付息之前购买了债券，购买方就欠销售方持有债券期间的利息。应计利息需要加入到购买债券的成本中。经纪商会单独以确认函的形式，把应计利息发给买卖双方。下面的例子显示了应计利息的计算方式：

杰森购买了一个每年6月30日支付、票面利率为6%的债券，他是在去年12月31日购买的这个债券。杰森需要支付多少应计利息给销售方？

杰森欠销售方的应计利息，应该从去年7月1日计算到12月31日：

应计利息=债券付息前债券销售方持有的时间长度×票面利息

　　　　=6/12×60 美元

　　　　=30 美元

债券违约或不再支付利息的债券,我们称之为无息交易。无息交易的债券没有应计利息。财经报纸中的债券报价会在债券报价中标识一个 f,来告诉投资者这个债券是无息交易的债券。

投资债券前应该牢记的事项

◆ 债券的安全性元素之一,是债券能够提供稳定的现金流,而股票没有。

◆ 投资债券的同时投资股票和货币市场,能使投资组合多元化,并使投资者损失风险最小化。

◆ 投资债券时,投资者应该特别关注市场利率以及未来的通货膨胀率。当市场利率在未来可能上升时,因为利息与债券价格之间的负相关关系,投资者可能会损失一部分的本金。

◆ 当通货膨胀率可能上升时,不应该进行债券投资,因为通货膨胀率会侵蚀债券的利息收入和本金的实际购买力。

◆ 在投资者决定在利率上升时期投资单个债券并持有至到期,其持有期间的收到利息收入会低于根据新的市场利率发行的新债券。

◆ 在利率上升时期投资于债券类共同基金,会遭受本金的损失,因为利率上升,债券价格下降引起共同基金净资产的下降。

◆ 如果利率未来可能会上升,投资者可以投资于短期债券,以减少可能发生的损失。

◆ 在经济萧条时期,债券收益一般表现优异,因为政府会通过降息来促进经济回到上升轨迹中。

◆ 在利率下降并且没有通货膨胀时期,债券的收益特别好。

第14章 优先股

优先股的股利收益高于普通股,对看重当期收益的投资者很合适。为了减少股利分红带来的联邦税务成本,投资者需要选择符合减税或免税的优先股。在普通股市价超过约定价时,可转换优先股可以分享资本增加值的收益。

优先股是什么

优先股在财务报表中记入股东权益类,但本质上更像公司发行的债券。权益是指所有者向企业投入的资本,在一般情况下无须偿还,可以长期周转使用;负债是指公司为了发展举债借入需要偿还的资本。优先股则介于权益和负债融资之间,一般而言,优先股发行人支付一定比例的股利,但是优先股股东没有董事会投票权。尽管优先股被归为权益类,但优先股不参与公司利润的分红。未按期支付优先股股利的行为,不像未按期支付债券利息那样可能导致企业破产,但企业在支付优先股股利之前,不得对普通股发放股利。与普通股不同,优先股的股利都是事先约定固定比例,一般是以优先股的票面价值的百分比形式表示。因此,价格100美元的优先股股利为6%,意味着其股利为每股6美元。

在企业破产清算时,优先股股东清偿顺序优于普通股股东,但是排在企业债权人后面。如果优先股包含赎回条款，则可能会被发行人赎回。

投资优先股的理由

固定股利的优先股适合看重获得稳定现金流的投资者，而且优先股价格波动幅度较小。和债券利率一样，优先股股利利率受到市场利率的影响，假设投资者以 100 美元的价格购买了固定股利为 4 美元的优先股，当市场利率上升到 6% 时，优先股价格就会相应下降，因为投资者不会再以 100 美元的成本去购买股利只有 4 美元的优先股，市场上也会出现和现行市场利率相匹配的投资标的。浮动股利的优先股价格受到市场利率变动的影响，小于固定股利的优先股，因此，优先股适合在市场利率不变或下行的环境下进行投资。

投资于优先股的另一个好处，就是其收益的税率优惠。然而，并不是所有的优先股都有特殊的税务待遇，如优先股信托就不符合优惠税务的规定。优先股信托是由信托公司发起支付利息给信托投资人的方式，这种信托需要征收增值税（2013 年最高税率为 39.6%）。

优先股的特点

优先股有许多特点。

优先股类别诸多

大多数的公司都只发行一种类型的普通股，但是我们容易发现公司发行的优先股类型是多种多样的。表 14-1 显示了由花旗集团发行的在纽约交易所上市不同类型的优先股。

不同级别的优先股有不同的特点。像花旗集团的 F 系列优先股的股利为 2.13 美元，以结算价 25.82 美元计算，其收益率为 8.24，其股价相对昨天下降了 0.12 美元。花旗集团发行了许多不可累积优先股。累积优先股是指当公司在某个时期内所盈利不足以支付优先股股息时，则累计到次年或以后某一年盈利时，在普通股的红利发放之前，连同本年优先股的股息一并发放。可转换优先股是指优先股股东可以以某个价格将自己的优先股转化成公司普通股。赎回条款是指优先股发行人可以以某个价钱（一般会有一个高于票面价值的溢价）赎回自己发行的优先股。这些不同类型的优先股在企业破产时的偿债支付顺序也是不同的。

表 14-1　花旗集团不同类型的优先股

股票	股利	收益率	收盘价	每日股价变动值	
花旗集团优先股 AA	2.03	6.9	29.45	0.10	不累积优先股
花旗集团优先股 E	1.59	6.3	25.26	−0.14	浮动股利不累积优先股
花旗集团优先股 F	2.13	8.2	25.82	−0.12	不累积优先股
花旗集团优先股 T	3.25	5.0	64.61	−3.88	不累积可转换优先股
花旗集团优先股 V	1.78	7.0	25.28	−0.15	优先股信托
2013 年 3 月 25 日价格					

股利收入和资产的索赔

优先股的股利收入和本金在索赔时都先于普通股，发行人必须在支付了优先股股东股利之后，才能给普通股发放股利。在破产清算时，优先股也先于普通股进行索赔。这种特性使得优先股风险小于普通股，不过风险仍然高于债券：债券持有人的利息收入和本金索赔先于优先股股东，债务发行人必须给债券持有人支付利息，否则债券持有人有权将企业进行强制破产清算，然而优先股（普通股）的股利是由董事会自由裁定后才会对外披露。不同类型的优先股，其股利收入和资产的索赔顺序也不同。

累积股息

许多优先股都包含可累积条款，所有普通股的分配，必须在付清全部当年和以往累计的优先股红利份额之后进行；换句话说，就是在还清以前欠下的股利分红前不能进行普通股的分红。尚有可累积股息未支付的公司，我们称其处在"拖欠"状态，以说明该公司仍然有存在的股息需要支付。在给普通股股东发放股利之前，公司必须先偿还欠下的累积股息，这种规定保护了优先股股东的利益。股息不进行累积计算的优先股，我们称之为不可累积优先股，这种类型的股票股息如果当年没有被支付，不会被递延至以后年份，公司不承担以往未付足优先股股息的补偿责任。

可转换条款

有些优先股会包含可转换条款，意味着优先股股东可以将自己的优先股股份转换成普通股。转化需要满足的条件和条款，在优先股发行时就会在合约中约定，条款包括转化比率，即每一份优先股可转换成普通股的比率，以及转化成普通股的价格。

比如，某个公司发行了一个强制转化优先股，并规定在2018年6月15日所有优先股自动转化为公司普通股。如果该可转换优先股的票面价格为100美元，股利率为4%，每份优先股可以转化四份普通股。当该公司普通股市场价20美元每股时，转化价值则为80美元。当普通股市场价格上升到30美元每股时，转化价值为120美元，此时可转换优先股的价格也会随之上升。当公司普通股价格在2018年6月15日前上升并高于转化价格时，可转换优先股的持有人可以执行自己的权利去获得收益。是否执行转化权利，取决于下面三个因素：

- ◆ 普通股市场价格——普通股市价必须高于转化价格，否则执行转化无法获得收益
- ◆ 优先股股利金额
- ◆ 普通股股利金额

可转换条款使优先股投资者有机会获得发行公司普通股股价上涨带来的收益，并在转化前能获得稳定的优先股股利收入。如果优先股股利远远

高于普通股股利，投资者会在转化成普通股和继续持有优先股之间权衡利弊。如果普通股市价从来没有超过可转化价，可转换优先股的价格仍是基于其收益率进行估值。

赎回条款

含有赎回条款的优先股授权发行人赎回在外流通优先股的权利。赎回价格一般高于优先股的票面价格。

赎回条款有利于优先股发行公司，但不利于优先股购买者。当市场利息下降、明显低于优先股股利利率时，优先股发行人会执行赎回条款，赎回高股利的优先股，再发行一个新的、低股利利率的优先股，代替原有赎回的优先股。花旗集团在2001年10月以每股25美元价格加上应计股利的价格，赎回了股利率为8.4%的优先股K系列，2003年1月又以每股25美元价格加上应计股利，赎回了其发行的浮动可累积优先股Q系列和R系列。

当优先股被赎回时，优先股发行人节省的成本，就是该优先股投资者的损失，所以投资包含赎回条款的高收益优先股不仅可能遭受赎回带来的损失，而且本质上赎回条款的约定价格就是该优先股的股价天花板，因为一旦优先股上涨超过约定赎回价，优先股发行人就会执行赎回条款，所以，市场利率下降会推动高收益优先股股价的上涨，但是其股价不会超过赎回条款中约定的价格。比如，某个优先股约定赎回价为55美元，那么即使在利率大幅下降的时候，潜在优先股投资者也不会以超过55美元的价格购买该优先股，因为一旦发行人赎回优先股，投资者将遭受损失。

为了吸引投资者在市场利率较高的时候购买含有赎回条款的优先股，发行人都会约定赎回条款执行的期限，一般都是发行5年后才能执行赎回条款，在约定期限之后，发行人可以按照约定价格执行赎回条款。

参与分配权和不参与分配权

参与分配权的优先股，是指投资者可以在董事会分配股利时能获得额外的股利（超出优先股常规的股利），这些额外的股利，一般会少于支付给普通股股东的金额。大多数优先股都属于不参与分配权。

优先股的参与分配权，意味着优先股股东在获得优先清算权的回报之后，还要跟普通股按比例分配剩余清算资金。比如，假设投资者投入了200万美元，并持有20%的股份，投资者要求参与分配的优先清算权倍数为1倍。如果公司以1,500万美元的价格出售，那么投资者首先拿走优先清算的200万美元，而且还获得剩下1,300万收益20%的份额，即260万美元，因此，投资者总计能获得460万美元。

优先股的估值

投资优先股的投资者大多数都是为了获得股利，但是股利很有可能被董事会暂停支付。因此，在投资某个公司的优先股之前，投资者需要了解该公司的商业模式，并且估计该公司是否能赚到足够的现金流，以支付优先股股利。在优先股招股说明书上，我们可以找到这些内容（通常在423B这一章节）。

标准普尔、穆迪、惠誉，或达夫菲尔普斯等评级机构会对大多数的优先股进行评级。AAA是最高评级，然后是AA，再是A类；B类以上的，被视为可投资评级，B类以下的优先股，则被视为垃圾股或投机股。

在投资优先股之前，投资者应该比较优先股和同类型债券的收益率（股利/股票价格）高低——优先股的收益率应高过同类型债券的收益率才行。

大多数的优先股发行人，都不符合税收减免的条件，投资者在投资之前应该详细了解感兴趣的优先股是否符合税收优惠条件，像优先股信托或衍生品类的产品，不符合税收减免的优惠政策。

优先股的风险

在投资优先股之前应该注意以下风险:

无法收到股利的风险

在许多情况下,投资者可能收不到发行人许诺支付的股利。如果投资者购买的是不累积优先股,当董事会决定某个阶段不支付股利时,投资者将无法获得这个阶段应该收到的股利。当董事会后期决定进行分红时,只有累积优先股股东才能拿到以前应发但未发的股利。

另一个可能导致优先股股东拿不到股利的情况,是该公司仍有未偿还的次级债券:公司仍有未偿还的次级债券时,不允许支付股利,所以,有些公司可能会通过发行次级债券,来躲避或推迟支付股利的义务。

优先股股东只有在发行人完全有能力支付股利时才会收到股利。不同于债券,当发行人不支付债券利息时,债权人可以要求对该企业进行破产清算,优先股股东没有理由要求发行人保证支付股利。市场上那些没有履行或推迟支付股利的优先股股价,都会快速下跌,所以,对于投资者而言,要通过仔细了解发行人的财务报表,分析该公司的财务杠杆、偿债能力、现金流情况以及信用评级是否在 BBB 级以上。

市场利率风险

在对市场利率变化的敏感度方面,优先股的表现与债券类似:当市场利率上升时,优先股股价下降,当市场利率下降时,优先股股价上升。假设,某个优先股股价为 25 美元,股利率为 3%,当市场利率上升,新发行的优先股的股利率变成了 4%,那么市场投资者将不会再接受以 25 美元的价格购买一个 3% 股利的优先股,所以,优先股股价必须下降,以满足投资者的最低要求回报率。

在 2013 年 3 月的低利率的阶段,投资者应该关注未来加息的可能性。

优先股流动性风险

某些优先股的交易量可能非常小,这将导致买卖优先股时大额交易很难拿到一个合适的价钱。为了避免这种流动性风险,投资者应该选择每日交易量在 4000 股以上的优先股股份。

回购风险

优先股可能在到期前被发行人回购,投资者选择溢价购买某个附带回购条款的优先股时,一定要谨慎,因为一旦优先股被回购,对其支付的溢价很有可能无法回收。

优先股信托

对于投资者而言,投资于常规的股票和投资于优先股信托的区别很小(除了税务),但对于发行人而言区别则较为明显。优先股信托的发行人获得了支付次级债务利息带来的税务减免,所以其投资者无法获得收到股利的税务优惠,如表 14-1 所示,花旗集团的优先股 V 属于优先股信托范畴,下面是其运作方式:

- ◆ 银行控股公司成立一个信托,并将优先股信托销售给投资者。优先股信托募集得到款项,用于购买银行发行的次级债券。次级债券和优先股信托的合同条款一模一样。
- ◆ 银行控股公司减掉用于支付次级债券的利息以及股利所需的缴纳的税费。为了符合规定,优先股信托必须含有累积股利条款。
- ◆ 当制作财务报表时,次级债券就被清除,而优先股信托则被计入财务报表"合并子公司在权益账户的少数股东权益"科目中。

优先股信托衍生品

不同发行人发行的优先股信托的名称不同,一般取决于发行人或者投行，这些优先股信托产品的名称包括：按月支付股利优先股（monthly income preferred shares，即 MIPS），信托发起优先股（trust originated preferred shares，即 TOPrS），按季支付股利债券（quarterly income debt securities，即 QUIDS），QUIPS（quarterly income preferred shares 按季支付股利优先股），以及企业担保信托（corporate-backed trust securities，即 Corts）。

这些证券产品都有以下共性：

◆ 票面价格都是 25 美元，而不是债券的 1000 美元
◆ 在股票交易所而不是债券交易所或者 OTC 上市
◆ 支付常规的利息
◆ 大多数都有到期日，少部分像普通股一样永续时间
◆ 大多数都有赎回条款

因为在交易所上市以及面值小的缘故，这些证券产品比优先股和债券更受市场欢迎。表 14-2 列举了一些优先股信托衍生产品：

表 14-2 优先股信托衍生品

股票	代码	股利	收益率	结算价	净波动值
Cort J C Penney	KTP	1.91	7.625%	17.12	-0.48
Cabco J C Penney	PFH	1.91	7.625%	17.32	-0.28

第一个是以彭尼百货公司作为担保的信托证券（Corts），其收益率为 7.625%，到期日为 2097 年 3 月 1 日。2013 年 3 月 28 日当日结算价为 17.12 美元，目前为折价状态。该衍生品的赎回条款，也限制了其价格在市场利率下降时的上涨空间。

第二个是以彭尼百货公司资产作为抵押（Cabco）的债券，交易代码为 PFH，同样也是以 7.625% 的收益率发行股利为 1.91 美元每股，在 2013

年 3 月 28 日当日结算价为 17.32 美元。在 21 世纪初期，彭尼百货名气并不如 2006 年零售业恢复活力后一样好，所以在早年间他们发行的 Cabco 资产抵押债券被当作为垃圾债券，2013 年其销售市场份额的丢失，又使得他们发行的两个债券 Corts 和 Cabco 价格一路下跌。

有一些注意事项投资者需要关注：

◆ 溢价购买一些附有赎回条款的证券时，需要十分小心：一旦证券被赎回，投资者仅收到票面价格 25 美元或者约定赎回价，这意味着投资者很有可能损失一部分投资。
◆ 优先股发行公司可以在经济困难时期暂停股息。
◆ 财务杠杆已经很高的公司，可能会用这种方式来募集资金，所以投资者必须关注发行人的信用评级。

优先股和优先股信托适合那些追求稳定回报以及潜在长期资本增长的投资者。

第15章　期权、认股权以及认股权证

期权有很多应用，在运用期权之前，投资者必须了解期权会带来的后果。例如，合理的使用期权可以通过降低最大损失来保护投资者的盈利。为了达到这种效果，投资者必须具有保护投资组合利润的相关期权知识储备。期权的成本即是投资者愿意支付的损失。除了保护收益之外，期权还可以减少投资组合的风险以及增加投资组合的杠杆。这一章将讨论什么是期权以及期权的运用方式。期权有很多策略，这一章只是介绍其基本要素，有时间和兴趣的投资者，可以进一步探讨其具体实现保护收益、减少风险或增加杠杆的策略。

这一章将集中讨论期权这一证券衍生品投资。证券衍生品是指从另一个证券中衍生的另一个金融证券。证券衍生品如期权、期货，可以让投资者在不拥有该证券的情况下获得该证券的相关收益。

期权以及其运用原理

期权又称为选择权，是一种衍生性金融工具，指买方向卖方支付期权费（指期权费）后拥有的、在未来一段时间内（指美式期权）或未来某一特定日期（指欧式期权）、以事先规定好的价格（指履约价格 strike price）、向卖方购买或出售一定数量的特定标的物的权利，但不负有必须买进或卖出的义务（即期权买方拥有选择是否行使买入或卖出的权利，而期权卖方必须无条件服从买方的选择，并履行成交时的允诺）。股票期权是衍生品，因为它的价值取决于基础资产公司普通股的价值，英特尔公司股票期权的价格，完全取决于英特尔公司股票的走势。期权还可以将股票指数、外汇、美国国债和商品作为基础资产标的。

大部分的期权都在芝加哥期权交易所（CBOE）、纽约股票交易所（NYSE）、美国期权市场（AOE）、费城交易所（PHO）和太平洋交易所（PSE）交易。期权也可以在场外市场上交易。

懂得期权的工作原理，能让投资者在面对波动的市场时表现更加从容。期权能在预测未来价格走势后进行投机获利，并能减少价格波动时对投资者的影响。期权和期货有一些相似的地方，比如它们都是保证金交易，可以用小规模的资金在一段时间内控制一个大体量投资标的。然而，期权投资者的损失风险比期货小得多。

期权合约给予了投资者在一定期间内以约定价格购买或者卖出一定数量（一般为100股）普通股的权利。

购买股票以及出售股票，我们称之为买入和卖出。看涨期权给予投资者在到期日前以履约价格购买该公司的普通股的权利，看跌期权则是给予投资者在到期日前以履约价格出售该公司的普通股的权利。期权持有人（买方）有权利自由决定是否行使自己的权利，买方没有一定要执行的义务；换句话说，期权持有人（买方）只有在执行权利能获得经济利益时才会执行该期权。下面是期权合约里的六个要素：

1. 期权可购买普通股标的公司的名称
2. 每份期权可购买的普通股份数，一般为100份
3. 履约价格
4. 到期日，在到期日之前可以进行买卖
5. 清算程序方法

6. 期权类型（美式或欧式）

在一个期权合约中，最少有 2 个主体：买方和卖方。期权买方即期权持有人，期权卖方收取期权费，也承担履行合约的义务。表 15-1 总结了期权买方和卖方的各种要素。

表 15-1　期权买方和卖方特点

期权	买方义务	权利	卖方义务	权利
看涨期权	支付期权费	在到期日前期权持有人可以以约定的履约价格购买标的股份	在到期日前以约定履约价格卖出股票给期权持有人	获得期权费
看跌期权	支付期权费	在到期日前期权持有人可以以约定的履约价格购卖出标的股份	在到期日前以约定履约价格看涨期权持有人卖出的股票	获得期权费

清算程序规定了期权持有人执行权利购买普通股的方式。市场上普遍存在两种类型的期权，是美式期权（期权持有人可以在到期日前任何时间执行权利）和欧式期权（期权持有人只有在到期日当日执行权利）。到期日对于期权十分重要，因为其决定了期权的有效寿命。交易所上交易的期权到期日是标准化的，其中主要包括三种类型的到期日：

1 月周期：1 月—4 月—7 月—10 月
2 月周期：2 月—5 月—8 月—11 月
3 月周期：3 月—6 月—9 月—12 月

期权运用原理

下面的例子解释了期权合约的运用方式。

投资者 A 预测埃克森美孚公司的股票会上升，但该投资者不想投入过多的资金购买 100 份埃克森美孚的股票，那他就可以选择购买一个看涨期权，约定可以以 95 美元的价格购买其 100 份股票。投资者 W 此时则以 95 美元的价格卖出这个期权。此时埃克森美孚公司的股票价格为 98 美元，投资者 A 和 W 对于埃克森美孚公司的股票价格不同走势的预测，促成了这次交易：A 认为其股价会上涨，而 W 则认为其股价在到期日之前会下跌。

此时，投资者 W 承担着埃克森美孚公司股价上涨带来的风险，如果股价真的上涨，投资者 A 执行了权利，那么投资者 W 需要在市场上以高于 95 美元的价格购买该股份，再以 95 美元的价格卖给投资者 A。作为期权卖方，投资者 W 可以收取期权费作为承担风险的补偿。假设此案例中期权费是每股 3 美元，那么投资者 A 需要支付 300 美元去购买看涨期权，这使其有资格在到期日前以 95 美元的价格买入 100 份埃克森美孚公司的股票。

如果埃克森美孚公司股价在期权有效期间超过了 98 美元，投资者 A 执行期权就可以获利。假设埃克森美孚公司股价上升到了 102 美元，投资者 A 决定执行期权。根据期权条款，投资者 A 有权利以 95 美元的价格购买 100 份股份，该投资者支付 9500 美元，用于购买 100 份股份；如果投资者 W 没有 100 份的埃克森美孚公司股票，他需要花费 10200 美元去市场上购买，再转移给投资者 A。

投资者 A 总支付的金额为 9800 美元：300 美元的期权费，加上购买股票支付的 9500 美元。投资者 W 此时的损失则是 400 美元：300 美元的期权费收入，加上 9500 美元，减去 100200 美元的支出（10200-9500-300=400）。图 15-1 阐述了该案例。

第15章 期权、认股权以及认股权证

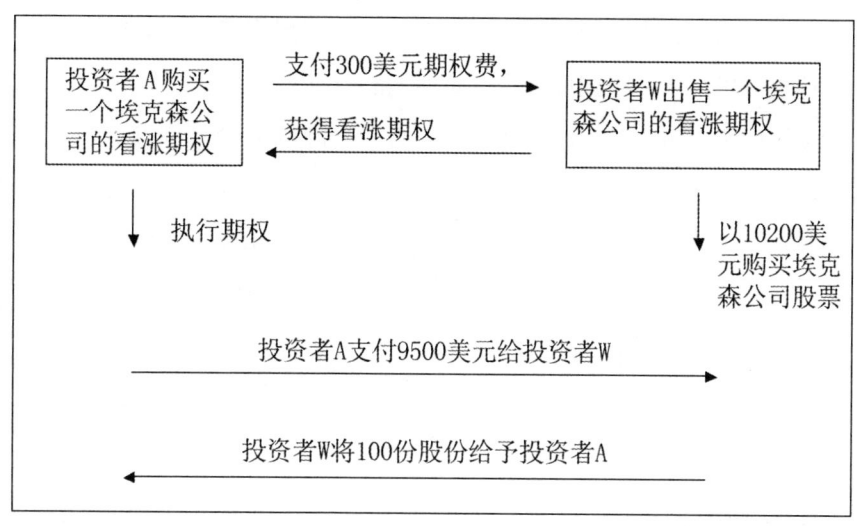

图15-1 看涨期权运用实例

如果埃克森美孚公司股价下跌到了92美元,并且在期权有效期内一直延续这个价格,那么投资者A损失了300美元的期权费。无论埃克森美孚公司股价如何下跌,投资者A最大的损失,就是300美元的期权费。看涨期权最大的优点,就是高杠杆率(以每股3美元的付出控制每股95美元的股份)。期权买方也可以通过在期权费上涨时卖出看涨期权获利。

投资者W也有其他选择,如果他想要规避这份期权合约的风险,他也可以买入一个期权合约进行对冲。期权的交易在很大程度上是通过期权清算公司(OCC),清算公司除了保持市场的流动性,还跟踪每个投资的期权以及头寸。

期权的买方和卖方并不直接进行交易,而是通过对手方OCC公司。当一个投资者希望购买一个期权时,OCC就扮演着一个中间商,并保证合约的正常履行。当合约执行时,OCC保证买方能够以约定价格购买股票,即使卖方发生了违约情况。

同样,OCC也方便期权买卖双方平掉自己的头寸。当一个期权买方卖出自己的买入权利时,OCC会自动对冲两个头寸投资者变成空仓。对于期

权卖出一方而言，也是同样道理。当期权卖出方想规避这份期权合约的风险，他也可以买入一个期权合约，对冲他的原有头寸。

聪明的读者应该马上能够意识到，为了使得OCC能达到以上效果，期权合约必须是标准化的。一般而言，同一股票的看涨期权和看跌期权除了履约价格可能不同外，其他条款以及到期日时间都相同。期权合约一般都是标准化的3个月、6个月和9个月的到期日。长期期权合约（long-term equity anticipation securities，即LEAPS）有效期可以到3年，长期期权和短期期权的特点都类似，但是因为长期期权有效期比较长，其期权费会相对高一些。

读懂期权报价

新闻报纸不会提供期权的报价，感兴趣的投资者需要到交易所的官网、金融网站，如 www.yahoofinance.com/option，www.nasdaq/option，www.quote.com/us/options/，去查阅期权报价。表15-2显示了某个交易量活跃的股票期权。

表15-2 某个交易量活跃的股票期权

苹果公司 2013年3月18日 13点31分股价								
期权	名称	履约价格	成交量	最新价格	净竞动值	买价	卖价	持仓量
苹果	6月	235.00	4	199.55	0.00	217.45	219.20	25
苹果	6月	235.00 p	10	0.34	0.00	0.06	0.28	341

表15-2的第一个科目，是期权对应标的公司的名称——苹果公司，6月指的是到期日为6月，履约价格为235美元每股。第一个期权为看涨期权，持有者（买方）有权利以每股235美元的价格，购买苹果公司100份股票。第二个期权为看跌期权，所以235美元后面跟着一个小写p（代表"看跌"），期权持有人（买方）有权利以每股235美元的价格，出售100份股票公司的股份。接下科目为成交量，代表的是在13点31分时这两个

第15章 期权、认股权以及认股权证

期权的交易量，苹果公司的看涨期权合约有四手的交易量，截止到13点31分看跌期权的持仓量为341手。最新价格代表着该期权最新一笔的成交价格（看涨期权为每股199.55美元，看跌期权为每股0.34美元）。净变动值代表目前股价与昨日结算价之间的差别，苹果公司目前的股价与昨日结算价没有变化，所以其净变动值为0.00。

买价和卖价分别代表着期权买方愿意支付的最高价和期权卖方愿意出售期权的最低价格。表中投资者愿意购买看涨期权支付的最高买价为每股217.45美元，而卖出方最低出售价为每股219.2美元。看涨期权以卖出价成交，看跌期权以买入价成交。持仓量代表着市场上流通的合约，当一个投资者开了一个新的合约头寸，持仓量就会相应的增加一个，同样，当投资者平掉了自己头寸，持仓量就会相应下降一个。表中苹果公司看涨期权的持仓量为25手，看跌期权的持仓量为341手。

其他网站也提供期权综合信息以及交易情况。

期权网站以及如何获得其价格行情

访问交易所官方网站，可以获得期权的报价：

www.cboe.com

www.nyse.com/futuresoptions/nyseamex

www.amex.com

www.phlx.com

访问芝加哥期权交易所的网站，点击 market quotes 一栏，再选择 delayed options quotes，延迟20分钟的期权数据都是免费对投资者开放的。通过在搜索栏里输入股票的代码，如 MSFT（微软）、INTC（英特尔）、PEP（百事可乐），可以获得其具体行情。如果要了解整个市场期权的价格，可以通过选择全部交易所以及期权品种，点击 Submit（提交）。

看涨期权的盈利方式

看涨期权给予持有人（买方）在到期日之前以约定履约价格购买100份标的股票的权利。仍然使用上面提到的埃克森公司的例子，我们来观察一下购买看涨期权如何获利。

在支付了300美元期权费（每股3美元）后，作为回报，投资者A可以在到期日之前，以95美元的价格购买100份埃克森公司的股票，对于投资者A而言，其风险就是不执行期权而损失的300美元的期权费加上交易手续费。投资者A选择购买一个看涨期权时，他就必须支付一定成本（300美元），来享受埃克森公司股票未来可能上涨到高于95美元的收益。

看涨期权最关键的是，该股票的市场价格必须在到期日之前上涨到高于履约价格，否则该期权没有任何价值；因此，期权都有一个时间价值，期权距离到期日越久，其时间价值就越高，同样，期权距离到期日越近，其时间价值就越低。

期权时间价值是指期权合约的购买者为购买期权而支付的期权费超过期权内在价值的那部分价值。期权的内在价值是指股票市场价与履约价格之间的差值。当市场价格大于履约价格时，看涨期权被称为价内期权。以埃克森公司为例，当其股票价格上涨到每股99美元时，该看涨期权的内在价值就为4美元，投资者可以用低于市场价4美元的价格，买到该股票。看涨期权只有在价内期权时才有价值。当某个看涨期权被为价外期权时，就意味着市场价低于履约价格。平值期权是当市场价等于约定的履约价格时。

看涨期权的内在价值=市场价-履行价=99-95=4美元

期权的时间价值也直接影响期权的估值。距离到期日越长，意味着该期权有更大的可能变成价内期权，所以，与距离到期日短的期权相比，距离到期日长的期权有一定的溢价。

第 15 章 期权、认股权以及认股权证

期权期权费的价格变动，取决于两个因素：期权标的股票价格、距离到期日的时间。

如果埃克森公司的股价上涨到每股 100 美元，那么看涨期权的内在价值就上升到 5 每股美元，此时，其内在价值就超过了投资者购买期权时花费的每股 3 美元的期权费。

投资者也可以通过自己出售期权而不是执行期权来获利。直接出售期权能够更好地利用期权的杠杆，所以大部分的投资者都选择这种盈利了结方式。表 15-3 显示了投资者购买期权和直接购买股份之间的差别。

表 15-3　杠杆：买期权还是股票？

股票市价 35 美元　期权价格 0.5 美元　履约价格 35 美元
股票市价上涨到 42 美元，期权费上升到 7.25 美元

方案 1　买股票

以 35 美元的价格购买 100 股	总成本 3,500 美元
以 42 美元的价格出售 100 股	总回收 4,200 美元
利润	700 美元
投资回报率　700/3500	20%

方案 2　买期权并出售

购买股票期权	总成本 50 美元
出售股票期权	总回收 725 美元
利润	675 美元
投资回报率　675/50	1,350%

方案 3　买期权并执行

购买股票期权	50 美元
执行期权	3,500 美元
总成本	3,550 美元
以 42 美元的价格出售	总回收 4,200 美元
利润	650 美元
投资回报率　650/3,550	18.3%

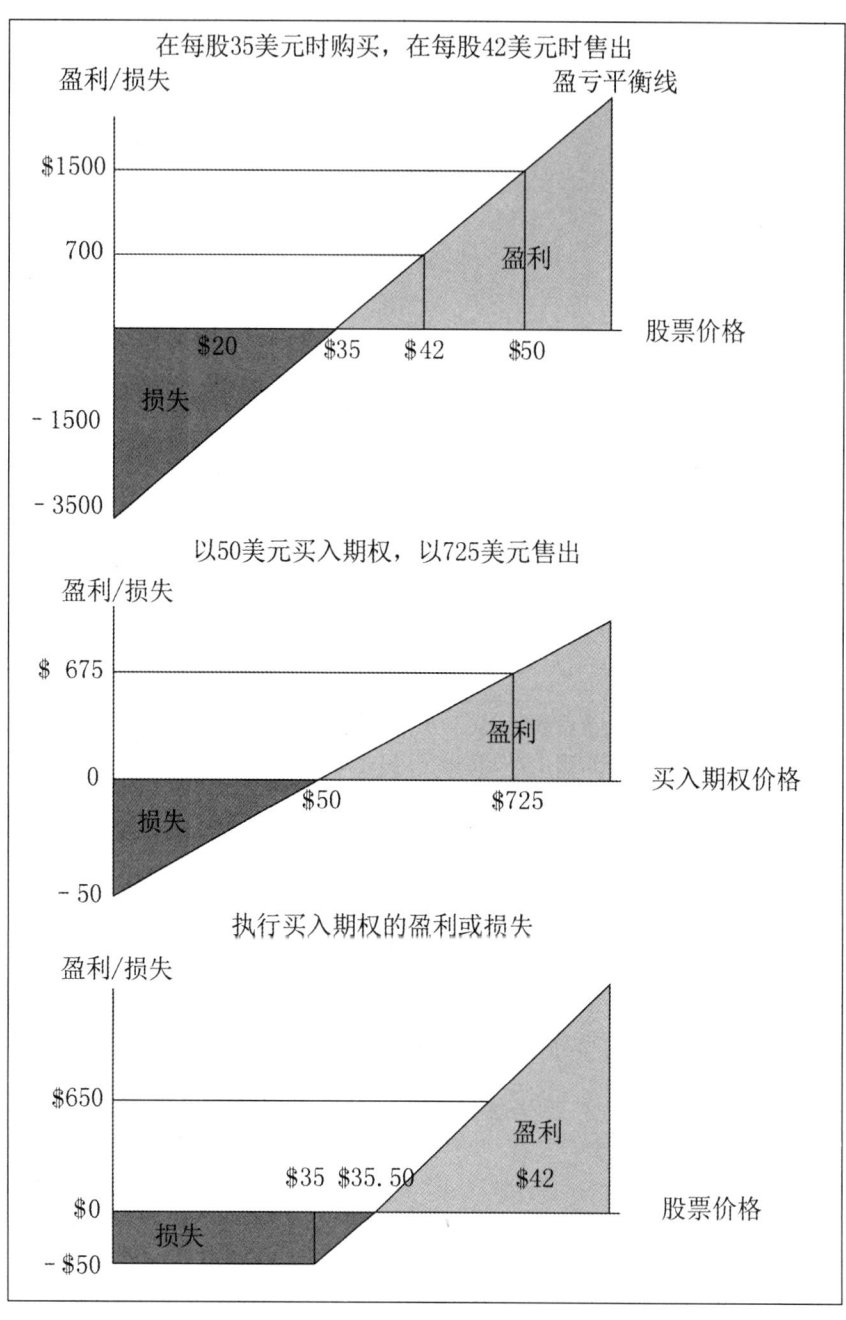

图 15-2 购买股票损益 VS 购买期权损益

方案 1 购买股票再出售的回报率是 20%，看起来 20% 投资收益也不错，但是和方案 2 的 1350% 回报率比起来，就显得少得可怜。方案 3 购买期权并执行期权的回报率，只有 18.3%，并且还需要 3,550 美元的成本。但是，如果股票价格下跌到了 30 美元，那么方案 1 的损失则是 500 美元，亏损比例为 14.28%（-500/3500）。方案 2 的亏损比例则为 100%，即 50 美元。因为期权无法执行，也就不存在方案 3。三种方案的盈利和损失都显示在图 15-2 中。

购买期权再出售期权（不执行权利），不仅带来巨额的回报率，而且其对投资者投资额需要也很小。使用看涨期权代替购买股票的投资者，只需用一点点成本就能享受股票上涨带来的收益，执行权利后，投资者还可以继续持有该股票，以获得未来资本增值的收益。

投资者购买期权最大的损失就是期权费，这也意味着相对于股票潜在的下行风险，看涨期权的下行风险是有限的。市场上有许多的股票被炒到不可思议的高价钱，然后又快速下跌到一文不值，当投资者在高位购买这些股票时，他们的损失是巨大的——合理的利用看涨期权，则可以避免这些损失。

看涨期权的运用情况

在市场价格高于履约价格时，看涨期权能给持有者带来收益。上面一节的案例中也提到了，因为期权的杠杆属性，用购买看涨期权再出售期权的方式代替购买股票再出售股票的方式，带来收益率上的巨大优势。当市场价低于履约价格时，投资者最大损失为期权费。

看涨期权还可以用来对冲卖出的头寸。例如，某个投资者在波音公司股价 80 美元时，卖空了 100 股股份，当波音公司股价跌到 69 美元时，投资者此时的利润就是 11 美元，投资者为了保证这份 11 美元的收益，但认为未来还有可能下跌而又不想平仓时，就可以购买一个 70 美元履约价格的看涨期权，对冲后波音公司股价：如果开始上涨，每上涨 1 美元，股票现货就会损失 1 美元，但看涨期权就会盈利 1 美元，无论波音公司股价最后上涨到多少，投资者都能稳稳获得 11 美元的收益；如果波音公司走势如同投资者预测的一样继续下跌，那么投资者只需要支付看涨期权的期权费，就可以继续享受波音公司股价下跌带来的收益。

看跌期权以及其盈利方式

看跌期权的持有者（买方）有权利在到期日前，以约定的履约价格出售 100 份股给看跌期权卖方。与看涨期权相反，看跌期权买方在股票价格下跌且市场价低于履约价格时，能够获得收益。在标的股票价格下降时，看跌期权的价值上升。投资者在看跌某个股票的走势时，可以购买看跌期权，看跌期权的期权费，一般都低于同样股票的看涨期权的期权费。大多数的投资者都是看涨而不是看跌，所以看跌期权的交易量也不如看涨期权。

购买看跌期权的时机

看跌期权可以用来保护现存股票头寸的收益，或者限制损失的增加。在股票市场价低于履约价格时，看跌期权的买方获得收益，当预测未来某个股票股价会下跌时，大部分投资者选择购买一个看跌期权，而不是直接卖空该股票。假设投资者看空某个股票的未来走势，目前其股价为 32 美元每股，6 个月期限、履约价格为 30 美元的看跌期权，期权费为每股 2 美元；当股价市场价下降至履约价格以下时，投资者就可以以每股 30 美元的履约价格卖出 100 股股票，再以较低的市场价买入股票，或者直接出售看跌期权来获利。

相对于直接卖空股票，使用看跌期权能限定投资者的最大损失，当卖空股票时，股价可能并不下降而是上升，并且这种上升是没有极限的，这就意味着直接卖空股票带来的损失也是无限的。然而，买入看跌期权的最大损失就是期权费。

看跌期权持有人有不同的选择：

- ◆ 用自己持有的股票或以市场价购买股份，来执行看跌期权并获得收益
- ◆ 直接出售看跌期权获得收益
- ◆ 如果市场价高于履约价格，期权到期投资者最大损失，也就是买入看跌期权的期权费

上述这些情况包括杠杆的使用，都显示在下面的表格里，假设投资者一年前以每股30美元的价格购买了某股份的100份份额，当前该股份的市价为每股70美元，为了锁定收益，投资者花费200美元期权费，购买了一个履约价格为70美元的看跌期权。

购买看跌期权并执行期权的收益率与购买看跌期权并出售看跌期权的收益率

目前情况

持有100份股票　　　　　　　　　　成本为3,000美元（每股30美元）

买入了一个6个月期限的看跌期权，履约价格为70美元　　期权费成本200美元

5个月后

股票市场价格下跌到40美元

方案 A 使用持有的 100 份股票执行看跌期权

执行看跌期权 总收入	7,000 美元
股票购买成本	3,000 美元
利润	4,000 美元
投资回报率 4,000/3,200	125%

方案 B 市价购买 100 股再执行看跌期权

执行看跌期权 总收入	7,000 美元
股票购买成本	4,000 美元
利润	3,000 美元
投资回报率 3,000/4,200	71%

方案 C 出售看跌期权

出售看跌期权 总收入	3,000 美元
看跌期权购买成本	200 美元
利润	2,800 美元
投资回报率 2,800/200	1,400%

方案 D 股价在 6 个月后上升到每股 90 美元

看跌期权的价值在到期日为 0

损失 200 美元或 100% 的期权费

与看涨期权一样，看跌期权的持有者同样能获得期权高杠杆的收益，只需要一点期权费，投资者就可以控制高额价值的股票，如同方案 C 能够获得 1,400% 的收益率一样。方案 A 中，投资者通过购买看跌期权锁定现有资本收益。如果投资者不想用自己持有的股票执行期权或者想继续持有股票，可以以市价购买股票再执行看跌期权，获得 71% 收益率，如方案 B 所示。

和看涨期权一样，看跌期权在到期日后没有价值。看跌期权的内在价值，取决于股票市价与履行价之间的差价。

看跌期权内在价值 = 履约价格 – 市场价格

期权的内在价值通常不能低于零。期权没有内在价值，则说明其是价外期权。如果执行看跌期权能够获得收益，则其为价内期权，说明其有内在价值。如果市场价格等于履约价格期权，则为平值期权。

一般来说，投资者在期权到期日之前，不会执行看跌期权的权利，因为越早执行期权，损失的期权时间价值就越多。另一个普遍存在的观念是，无论是看涨期权还是看跌期权的投资者，购买期权的目的都是出售而不是执行期权。

当期权是价内期权时，期权买方能出售期权，并回收比期权费高的收入。但是如果看跌期权买方决定执行期权，投资者还需要募集资金去购买股票（如果买方并不持有该股票），只有持有该股票，才能以约定的履约价格出售该股票。两次交易都要收取交易手续费。

买入看跌期权的作用，可以看作在股票市价下跌的时候花费期权费来保证收益率。

期权卖方

投资者也可以作为期权卖方,来获得期权买方支付的期权费增加收入。期权卖方的最大收益是有限的,最多就是期权的期权费收入。

期权卖方有两种方式,比较常见的是卖出备兑期权。备兑期权是指投资者卖出其持有股票的期权。例如,投资者在拥有股票 A 时,卖出 A 的看涨期权,或者在卖空 A 时卖出 A 的看跌期权。相对来讲,备兑期权是一种比较保守的投资策略。第二种是无保护期权,又称无保护期权、无掩护选择权,是指期权卖方本身并未持有期权标的资产的期权,如股票看涨期权卖方本身并没有持有期权相应的股票。

卖出看涨备兑期权

投资者持有某些股票并希望增加现金流收入时,可以选择成为备兑期权的卖方。这个策略的工作原理,如同买入期权的买方一样。下面是备兑期权卖方的工作原理。

假设投资者 A 以前以 25 美元的价格购买了 1,000 股花旗集团的股份,目前花旗集团的股价为每股 48 美元。投资者可以通过卖出一个看涨期权,来代替出售该股票股份。投资者可以卖出 100 份到期日为 9 月、履约价格为 50 美元、期权费为每股 2 美元的看涨期权(总共获得 2,000 美元的期权费收入)。如果花旗集团的股价在期权到期日都没有上涨到 50 美元以上,那么看涨期权的买方就不会执行期权,投资者 A 就可以获得 2,000 美元的期权费收入(需要减掉手续费)。

如果股价上升到了 50 美元,看涨期权的买方执行了该期权,那么投资者 A 此时的收益为 27 美元每股(50 美元-25 美元购买成本+2 美元的期权费收入),这同时也是看涨期权卖方最大的收益,即使股价后期上涨到了 100 美元,投资者 A 仍然需要以 50 美元的价格将该股票出售给看涨期权购买者，所以，其单位利润恒定在每股27美元。

总之，备兑期权卖出方的收益率有上限，投资者应该选择那些未来不会上涨或下跌很多的股票，进行卖出备兑期权交易。然而，对于备兑期权卖方来说，假设股价大幅下降，他们会遭受损失，因为卖出方手中的现货股票价格下跌了，而期权的买方也不会在市场价低于履约价格时进行行权。

卖出无保护看涨期权

卖出一个无保护期权风险，远远大于备兑期权。无保护看涨期权是指期权卖方本身并未持有能在股票价格飞涨时限制交易损失的标的股票的期权。比如，某个投资者卖出了一个以50美元为履约价格的花旗集团看涨期权，获得了2美元的期权费收入，如果花旗集团的股价上涨到了90美元，那么投资者每股的损失将高达48美元：收到看涨期权买方的50美元，加上2美元的期权费，再花费90美元在市场购买股票给予买方，其每股最终收益为50+2-90=-48美元。当然，在投资者发现股价上涨已经不可逆转时，可以尽早对冲自己的头寸，以减少损失。

经纪商一般都要求无保护期权的卖方必须支付一定比例的保证金，来保障期权合约的履约，而经纪商对于备兑期权则没有保证金的要求。

投资者可以选择那些在到期日前价格不会大幅变动的股票，进行卖出无保护看涨期权操作。

卖出备兑看跌期权

看跌期权所起的作用和看涨期权相反。备兑看跌期权的卖方卖空某股票，同时卖出该股票的看跌期权，收取期权费，并给予买方以合约履约价格将股票卖给自己的权利。如果买方选择执行期权，那么卖方以约定的价格买入股票，并了结头寸。投资者只有在看空某个股票走势时，才会卖出备兑看跌期权，以获得稳定的期权费收入；一旦股票价格大幅上涨，卖空该股票将遭受损失，因为在价格上涨时看跌期权的买方不会执行期权，卖方只能获得一个期权费的收入。

卖出无保护看跌期权

无保护看跌期权的卖方希望股票的价格上涨或者不下跌。如果投资者不持有该股票，但进行了无保护看跌期权的卖出，经纪商会要求其支付一定的保证金，同样，无保护期权在标的股票大幅下跌时，带来的损失是巨大的。

例如，在花旗集团市场价为45美元时，某个投资者以履约价格45美元卖出了该公司的无保护看跌期权，并收到每股2美元的期权费，该投资者就和持有了该股票投资者一样承担股价下降带来的损失：如果花旗集团的股价下跌到了40美元，投资者的损失就是每股3美元（40+2-45），而且投资者的最大损失是43美元（当花旗集团股价跌为0美元时）。当花旗集团股价一直高于45美元时，期权的买方就不会执行期权，那么期权卖方的收入则恒定为每股2美元。该例子的损失和盈利，在图15-3中以图形的形式表现。

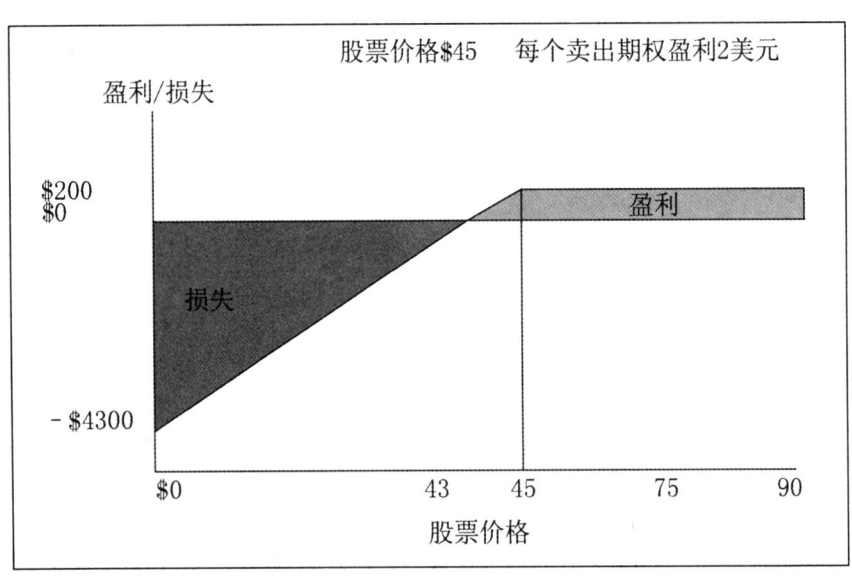

图15-3　卖出花旗集团无保护看跌期权的损益

第15章 期权、认股权以及认股权证

投资股票还是投资期权

期权的优点：

◆ 期权的投资者能以较小的资金来获得投资标的未来趋势发展带来的收益

◆ 投资者可以利用期权来避免股票价格巨大波动带来的潜在损失

◆ 卖出期权可以为投资者带来一定的现金流收入

◆ 期权买方的损失最大也就是期权费

期权的缺点：

◆ 期权属于消费型资产，因为其有适用有效期（9个月），长期期权有效期相对较长

◆ 在投资标的市场价未到达或超过履约价格时，期权投资者可能遭受损失

◆ 尽管期权能以小博大，但是期权的佣金和手续费可能很高

表15-4列举了股票和期权买卖可能的潜在收益和损失。

表15-4　潜在损益总结

购买普通股	无限收益，最大损失为购买普通股的成本
购买看涨期权	无限收益，最大损失为看涨期权的期权费
购买看跌期权	最大收益是履约价格减去购买的期权费，最大损失为期权费
卖出看涨期权	最大收益为期权费，最大损失为股票市场价减去期权费
卖出看跌期权	最大收益为期权费，最大损失为约定的履约价格减去期权费
卖空股票	最大收益为卖空价，最大损失为无限
卖出备兑看涨期权	最大收益为履约价格加上收到的期权费减去市场价格，最大损失为股票的市价
卖出无保护看跌期权	最大收益为期权费，最大损失股票价格下跌到0的损失减去期权费的收入

看涨期权和看跌期权的综合运用

投资者在投资中碰到的情况往往更加复杂，学会结合运用看涨和看跌期权，则能创造利润的机会。跨式期权又被称为"同价对敲"，是一种非常普遍的组合期权投资策略，是指投资人以相同的执行价格同时购买或卖出相同到期日、相同标的资产的看涨期权和看跌期权的做法。

运用跨式期权

下面的例子阐述了投资者如何利用跨式期权获利。假设某个投资者对于石油股票十分感兴趣，但是随着欧洲和亚洲经济的下滑，投资者不知道未来油价的走势到底如何。

作为结果，投资者可以利用跨式期权代替直接购买石油股票。埃克森公司股票市场价为89美元，其期权价格如下：

- 1月到期、履约价格为每股90美元的看涨期权，期权费为2.375美元（每合约237.5美元）。
- 1月到期、履约价格为每股90美元的看跌期权，期权费为2.375美元（每合约237.5美元）。

跨式期权总成本为475美元（237.50 +237.50美元）的期权费支出加上手续费的费用，也意味着，如果埃克森公司的股票价格一直没有上涨到高于94.75美元或者低于85.25美元时，该跨式期权策略为损失状态，并且其最大损失则为其总成本。

如果油价上涨，那么油企的股票价格也会相应上升。假设埃克森公司的股价目前已经上涨到了98美元，此时看涨期权的售价已经上涨到了800美元（8×100合约数量），投资者就可以因此获利。又假设因为美国页岩油的大幅供应，油价一直下跌，埃克森公司的股票也下跌到了83美元，那么看跌期权的价值应该为700美元，跨式期权的投资者仍然能够从中获利。

所以，当埃克森公司股票高于94.75或者低于85.25时，投资者就可以分别出售看涨和看跌期权以获利。如果埃克森公司的股价一直在85.25—94.75美元中间徘徊，那么跨式期权的投资者将会损失，具体损失的金额取决于埃克森公司的股价：假设目前的股价为93.5美元，则该看涨期权的价值为350美元，投资者的损失为475美元减去350美元；如果股价为84美元，那么看跌期权的价值为400美元，损失则为75美元——不过，交易佣金的支出也属于损失的一部分。

跨式期权的盈利，需要投资标的股票有大趋势的变化。

运用期权套利交易

套利交易是指投资者可以购买并卖出同一股票不同履约价格、不同到期日的期权。

使用套利交易

公司股票市场价为43美元

6个月期限的看涨期权，目前履约价格为40美元，期权费为4美元（每合约400美元）

3个月期限的看涨期权，目前履约价格为45美元，期权费为2美元（每合约200美元）

策略

买入履约价格为40美元的看涨期权	成本400美元
卖出履约价格为45美元的看涨期权	收入200美元
总成本	200美元

如果该公司股价高于45美元，该策略最大收益300美元。投资者可以执行买入的看涨期权，支付40美元的成本，再以45美元的价格卖出，最后的利润为300美元。当股价低于45美元时，最大损失为200美元。

有许多的套利策略能用来对冲风险头寸，并使头寸的利润和风险都有上限。投资者可以在网上事先测试自己的跨式期权或者套利策略的收益率。下面表格显示了如何运用雅虎网站的期权板块。

网站运用

输入网址 www.yahoofinance.com/options.，再输入自己需要查询的股票代码，在图表中选择点击 option 选项，使用期权的报价表测试自己的跨式期权和套利策略。

如何运用股票指数期权

股票指数期权是指以股票指数为标的物，买方在支付了期权费后即取得在合约有效期内，或到期时以协议指数与市场实际指数进行盈亏结算的权利。大部分的股票指数都有对应的期权合约，比如标普500指数、道琼斯平均工业指数、纳斯达克100指数、罗素2000指数。由于股指期权没有可作实际交割的具体股票，所以只能采取现金轧差的方式结算。例如，标普500指数看涨期权目前的履约价格为1,050美元，期权买方有权在到期日前以105,000美元的价格买入标普500指数，如果标普500指数上涨超过了履约价格加上期权的成本，那么买方则能够获利，如果投资者认为市场将下跌的话，则可以买入看跌期权。

股票指数期权使得投资者能在不购买具体股票的情况下参与市场的涨跌。道琼斯平均工业指数是由30支蓝筹股组成，标准普尔500指数由500只大盘股组成，纳斯达克100指数跟踪纳斯达克100支大盘股，罗素2000指数则是由2000只小盘股组成。这些股票指数期权都在芝加哥期权交易所上市交易，股票指数期权和个股期权一样，都有具体的到期日，不过是以现金作为结算。

股票指数期权能够对冲有大量股票头寸投资者的潜在损失风险，如果这些投资者不想出售自己所持有上涨的股票现货，他们可以通过购买看跌期权来保护自己的收益率。如果市场下跌，看跌期权的价值会上涨，抵消现货股票下跌的损失；同样，如果投资者卖出股票指数的看涨期权，如果市场下跌，卖出看涨期权收到的期权费就可以抵消部分的损失。

认股权

认股权和股票期权有点类似，尤其是看涨期权。股票认股权是向现有股东提供的有具体日期的权利。认股权即优先购买权，给予现有股东在约定期限内以约定价格在公司上市前购买股票的权利。认股权让现有股东在公司上市之前以折扣价购买普通股。如果公司成立之时就包含优先股购买权条款，那么在公司发行新股之前，必须给原有股东优先购买的权利，以维持其占股比例。

一般来说，每份股票都有一个认股权。如果某个股东持有公司 10,000 份普通股，那他就拥有 10,000 份认股权。每份普通股的认股权由董事会决定。

例如，某个公司有 200,000 流通股份，现在希望募集 750,000 美元，以发展业务。目前股价为 15 美元，所以其需要发行 50,000（750000/15）股新股票。此时 4 份认股权才能购买一份普通股。计算方法如下：

$$\text{每份普通股需要的认股权数量} = \frac{\text{在外流通股股份}}{\text{新发行股份数}}$$

$$= \frac{200,000}{50,000}$$

$$= 4$$

认股权给了原股东在新发行股份时保持自己股份比例的权利。如果股东在公司新发行股东前持有20,000份股份,占公司比例10%(20,000/200,000),认股权则给予原有股东优先购买5,000份新股份的权利(20,000/4)。在新股发行后,原有股东则可以通过购买5000份新股来保持自己10%的股份(25,000/250,000)。

公司董事会决定认股权的有效期限,一般而言都给原股东2—6个礼拜以认购新股。在此期间内股票被称为含权交易,即该公司市场价中包含了该认股权的价值。在约定日期之后即股票除权日后,股票则不含认股权的价值在市场上流通。理论上,在除权日后认股权单独交易时,股票市价会下跌。

大型公司的认股权和股票一样,会在股票交易所上市流通,有些小公司的认股权则在场外市场交易。

如果期权一样,股票认股权的价值取决于股票的市场价、认股权的认购价、每份普通股所需的认股权数量。认股权在单独上市交易前的价值公式如下:

$$含权认股权的价值 = \frac{股票市场价 - 认购价}{每份普通股所需认股权数量 + 1}$$

假设某个公司股票现在的市场价为20美元,以认购价为14美元,5个认股权数量可以认购一个普通股,那么其含权认股权价值为1美元:

$$含权认股权的价值 = \frac{20-14}{5+1} = 1 美元$$

在公司除权之后,公司股票的价值随着认股权剥离交易之后下降。在上面的案例里,该公司的市场价则从每股20美元下降到19美元。认股权和股票一样能在公开市场进行买卖，除权认股权价值计算如下：

$$除权认股权价值 = \frac{股票市场价 - 认购价}{每份普通股所需认股权数量}$$

$$= \frac{19 - 14}{5}$$

$$= 1 \text{ 美元}$$

和含权认股权价值一样，除权认股权的价值也为 1 美元。在现实情况下，股票认股权的市场价值随着该股票的市场价的变化而波动，但其价格不会和理论上（公式计算的价格）差别太大。

当股票市场价上涨，股票认股权的价值也随之上涨，但更多是因为杠杆的因素。股价上涨 2%，引起认股权上涨 0.4 美元（百分之 40% 的上涨）。同样，下跌时认股权下跌的百分比也会有会杠杆。股票市价的小幅下跌，就会导致认股权的大幅下跌。

认股权和期权一样，投资者可以选择执行或者直接卖出盈利，这就引出了一些问题：何时卖出认股权？

认股权的价值虽然和股票的市价联系紧密，但同样也要注意有效期比较短的认股权。认股权在认购期限内的早期价格都会高一些，理论上，越靠近到期日，认股权的价值下跌得越多。

认股权给予股东以下的优势：

◆ 以折扣价购买更多的普通股
◆ 当公司发行新股时，老股东有机会优先购入普通股，以保持自己的持股比例
◆ 交易认股权有机会获得收益

认股权的缺点则是相对较短的有效期，投资者一定要在到期日前执行认股权。

新投资者应该始终牢记，在刚刚开始涉及投资领域时，不要大比例投资认股权——认股权还是更适合有经验的投资者。

认股权证

认股权证是一种约定该证券的持有人可以在规定的某段期间内，有权利（而非义务）按约定价格向发行人购买标的股票的权利凭证。认股权证和长期期权有些类似，认股权证持有人有权利在约定期限内，以约定价格购买标的公司股票。认股权证和期权的不同之处，就是认股权证的约定价格可以是固定的，也可以是在一定区间内，例如每5年公司可以延长认股权证的有效期。

认股权证的有效期一般都长于期权。期权的有效期一般为9个月甚至更少；认股权证一般都是1年的，有些公司的认股权证还是永久期限的。

公司发行认股权证，作用类似于发行其他证券的甜味剂。认股权证也可以作为发行债券或者是优先股的附加权利。在有些案例中，认股权证在发放股票股利或现金股利时已经被分配出去。

在优先股和债券发行中，附加认股权证使得该证券在市场上更受投资者的认可。如果认股权证是不可拆分的，那么投资者就只能执行该条款，或者随着债券或优先股一起出售（和可转债券或可转优先股一样）。

如果认股权证是可拆分的，该认股权证就可以在股票市场或者场外市场单独交易。股票认股权证在股票市场中随着股票一起报价，但是分别交易。认股权证可以在新闻报纸的股票市场板块中找到其报价。可拆分的认股权证的投资者，可以出售认股权证直接获利，也可以持有标的证券（债券或优先股）。

当公司发行认股权证，其价格会高于该股票发行时的市场价格。例如，当一个公司发行债券时包含了一个可拆分的认证股权时，投资者有权利以 25 美元的价格购买公司普通股。当该股票市场价格为 15 美元时，该认证股权没有任何价值。然而，当股票的市场价格上升到 32 美元时，该认股权证的价值就为 7 美元〔（32-25）×1〕。

认股权证的价值=（股票市场价-约定价）×认股权证可购买普通股数量

如果在认股权证有效期内股价一直没有超过约定价，认股权证不会被执行。

如果现在认股权证的市场价为 8 美元，那么认股权证的溢价则为 1 美元（8 美元-7 美元）。

溢价=认股权证的市场价-认股权证的价值

相对于期权而言，认股权证的最大优势，就是有效期更长。认股权证在股票上升时的表现更好，但选择正确的认股权证十分重要。如果公司的股票一直没有上升，购买认股权证盈利的机会很小。和期权一样，认股权证一般都是以投机为目的，而不是为了执行权利。在所有经纪商那里，都可以购买市场上可交易的认股权证。

应该利用期权、认股权，还是认股权证呢

大多数的投资者对是否应该使用期权犹豫不决，因为期权复杂很多。史蒂文·西尔斯研究发现，大部分的期权投资者都是亏损的。期权的下列特点，使得其对于投资者的吸引力降低：

◆ 期权合约的期限短，如果投资标的股票股价在有效期内没有变动，

期权投资者可能损失全部投资。
- ◆ 即使股票股价在有效期后大幅变动，投资者仍然会损失全部投资。
- ◆ 卖出无保护期权的损失风险是无限的。

然而期权仍然有许多优点：
- ◆ 期权投资者可以用较小的金额去控制较大的投资标的，换句话说，投资期权的成本就是购买该股票的小部分成本。
- ◆ 投资者期权的回报率远远高于投资者于股票。奥本海默公司的首席策略官迈克尔·施瓦茨的课程里说道，"如果你希望投资翻倍，那么期权便是个很好的选择"。例如，投资者以期权费 1 美元的成本，购买通用公司的 4 月到期、履约价格为 23 美元的看涨期权，当股票价上涨到 25 美元，其期权的价值上升到了 2 美元，投资者就可以在合理的范围内获得 100% 的收益。
- ◆ 买入期权的最大损失，就是期权费。
- ◆ 迷你期权在 2013 年 3 月 18 日上市，它代表着购买 10 份股票的权利，常规的期权合约代表的是购买 100 份股票的权利，可以吸引更广泛的投资者参与期权市场。

了解认股权和认股权证，能够帮助投资者在投资无法抉择时进行更好的选择。

第16章　投资组合管理和评估

投资组合管理的目的，是帮投资者寻找适合自己的收益率和风险度的投资组合。投资者的投资目的是投资组合管理的指引。投资者的目的主要分为三类：资本保值、增加现金流收入以及资本增值。例如，某些希望获得资本增值的投资者，其投资组合中就会更多配置成长型的股票、小盘股、房地产等资产，只留小部分的头寸用于本金保值和增加现金流收入。投资者应该时刻评估投资组合的风险和收益，以判断目前的投资组合是否符合自己的投资目标。

希望获得现金流收入的投资者，其投资组合会用于债券以及股票。比如，投资总额为600,000美元的投资组合，很有可能按照下面的方式进行投资：500,000美元投资于收益率为3.5%的债券，每年带来17,500美元的稳定现金流，另外100,000美元投资于有3%股利分红的大盘股票，每年带来除股票增值之外的3000美元收入。只投资90%的债券而不是100%的债券，是因为投资者还希望在风险可控的范围内带来一定的资本增值。如果该大盘股今年的股价上涨了8%，资本增值带来的收益就抵消了该股票股利低于债券的部分。

投资者必须明白，不仅投资目标和每个投资品种会随时变化，市场的监管环境和市场条件也在随时变化。公司经营策略的改变，可能使该股票不再适合原来的投资组合，此时投资者就需要卖出该股票，并寻找适合的代替产品。当然，这并不代表着投资组合里的所有产品都需要不停地更换，只是说那些不合适投资者投资目标的头寸需要及时更换。

资产分配

资产分配是指投资者把投资分配在不同种类的资产（如股票、债券、房地产及现金等）上，在获取理想回报之余，把风险降至最低的投资规划。资产分配其实就是告诉投资者"不要把鸡蛋放在同一个篮子里"。

多元化分散投资是投资组合的重要工具。例如，某个投资组合可能选择了不同的资产类别进行投资，但是其投资的债券或者股票等都属于同一个或相似的经济领域，那么其投资组合仍然没有起到降低风险的作用——只有投资于不同经济领域的债券或股票，才能使投资组合远离风险。

所有的证券产品都有损失的风险。增加投资组合里的债券或股票的种类，能够减少投资组合的波动性，然而，这么做也同样会降低该投资组合的收益表现。多元化分散投资追求的，就是在风险和收益之间的平衡关系，投资组合的收益也取决于其所持有的投资标的。

我们可以将不同的资产类别进行风险区分，普通股被视为风险最大的资产（因为股价的波动性大），紧接着是到期日临近的低风险长期债券。但是们必须始终牢记的是，市场上比普通股风险大的产品多的是，像大宗商品和期货合约的波动性就比普通股要大很多，其风险就更大。蓝筹公司的普通股比某些高财务杠杆公司的债券风险度还要小一些。不支付利息的债券，即使发行人是评级较高的公司，其风险也超过了某些蓝筹公司的普通股。在追求本金的安全和收入的稳定方面，投资者经常会陷入一个两难的局面。

因为股价的波动性，普通股被视为风险最大的产品，但纵观整个历史，股票市场有涨有跌，其带来的回报率仍然非常可观。在投资组合中，股票投资应该包含了希望获得长期资本增值的目标。投资组合中普通股所占比例，则取决于其投资目的以及个人特点。个以稳定现金流收入作为主要目标的退休者，不会在自己的投资组合中放入太多普通股，但如果某个普通股的股利现金流能超过一些债券产品，那么投资一部分资金在其中也是可以的，该投资还能在未来几年带来潜在的资本增值收益。

资产分配并没有万能的公式，在投资之前，形成以自己的投资目标作为指引的投资组合十分必要。有些投资者可能倾向于积极的投资组合，而有些投资者需要保守的投资组合。投资组合的资产完全取决于投资的风险偏好和投资期限，以其风险偏好和投资期限为标准，投资组合的资产也会随着这个标准不停地变化。如果投资者的投资重心发生了转移，从资本增值变成了获得稳定的现金流收入以及资产保值，那么其投资组合的投资标的也会随之而改变。投资最重要的原则，就是要有自己的资产分配计划，一旦这些大的原则确定了下来，单个的资产也就容易进行选择。在为投资组合选择不同的类型的证券产品时，应权衡自己投资组合的特点以及该产品对于自己投资组合风险的贡献度。

投资者需要时刻评估自己的投资组合是否满足自己的投资目标，并评估当下是否需要重新组合。资产分配的调整频率和次数，都取决于投资的组合管理风格。一个被动的投资管理风格的管理者，只会在绝对有必要调整时才会调整投资组合。一个积极管理风格的投资者，则会根据外部环境的改变而调整自己的资产分配比例，以获得最优的投资效果。股票投资组合的管理风格和债券投资组合管理风格有很大的不同，债券一般都有稳定的现金流收入以及有限期间，如果股票不支付股利分红，则没有稳定现金流收入，也没有具体的到期日，这导致了股票未来价格的高度不确定性，这也要求投资者在把股票添加进入投资组合时更加注意个股的选择。

表16-1阐述了投资组合重新调整的需求。如果投资者的投资目标和个人特点在一年之后没有变化，原有的投资组合的资产分配方式应该继续保持。重新进行资产分配有优点也有缺点，其优点如下：

- 投资组合的资产比例和投资者的目标以及个人特点、风险承受度以及收益率回报要求更加吻合。
- 通过出售已经获得资本增加值的资产实现资本增值以后,投资损失的风险得以降低。

重新进行资产分配的缺点:

- 产生交易成本(手续费)以及可能的顾问费。
- 投资者可能在重新调整的过程中卖出了原组合中盈利的部分而买入了更多损失的部分,从而增加了最终的损失风险。
- 出售证券涉及应税账户的税务问题。

表16-1 投资组合资产再分配

1. 初期资产分配计划

投资者初期的资产分配方案,如图16-1所示。

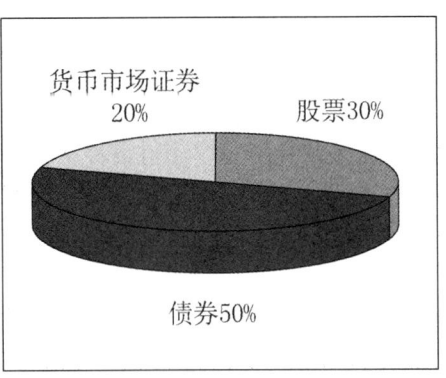

图16-1

2. 一定阶段后重新评估了资产分配计划

一年后,随着权益类投资的快速增加,其资产分配比例变成了图16-2的样子。

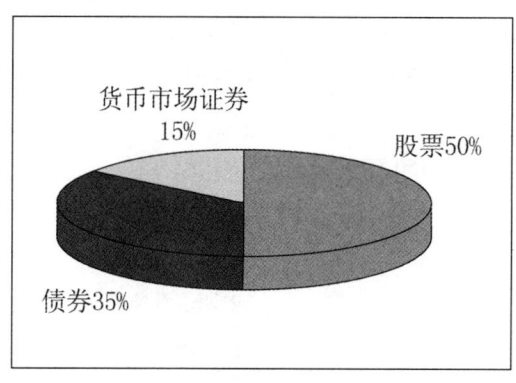

图 16-2

3. 如果需要，重新调整投资组合

投资者需要评估新的资产分配方案是否还能满足其投资目标、个人特点以及风险承受度。随着股票权益类投资的增值，新的资产分配方案中股票已经占有了 50% 的权重，而债券的比重下降到了 35%。这些改变可能并不符合投资者的现金流收入目标，重新调整方案，卖出部分证券再买入债券，更符合投资者的目标。

4. 重新调整后的资产分配方案

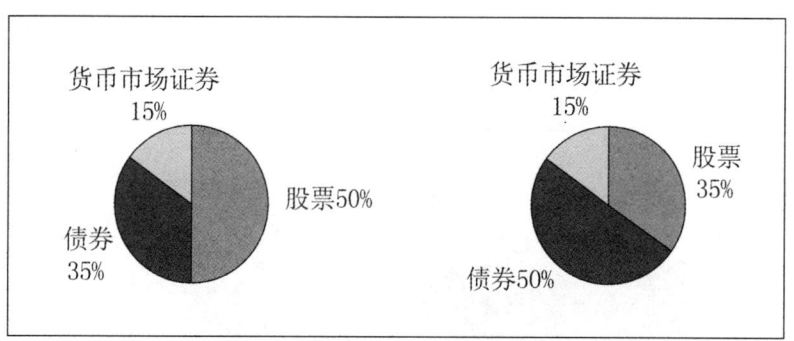

图 16-3

目前的资产分配方案		建议的资产分配方案	
货币市场证券 45,000	15%	货币市场证券	15%
货币市场基金	45,000 美元	货币市场基金	45,000 美元
股票市场	50%	股票市场	35%
大盘股	150,000 美元	大盘股	52,500 美元
债券	35%	中盘股	52,500 美元
单个债券	105,000 美元	债券	50%
		中期市政债券	50,000 美元
		长期国债	25,000 美元
		中期机构债券	35,000 美元
		AAA 级公司债券	40,000 美元
总计	300,000 美元	总计	300,000 美元
税前总收益	5.1%	税前总收益	6.15%
税后总收益	3.15%	税后总收益	4.5%
风险度（标准差）	9%	风险度（标准差）	7.65%

投资最重要的原则，就是要有自己的资产分配计划，一旦这些大的原则确定下来，单个的资产也就容易选择了。

不同投资目标的资产分配模型

一个保守的投资组合主要以资本保值和一小部分的增长为目的，这钟投资目标的配置主要集中在高评级的债券和一些普通股。

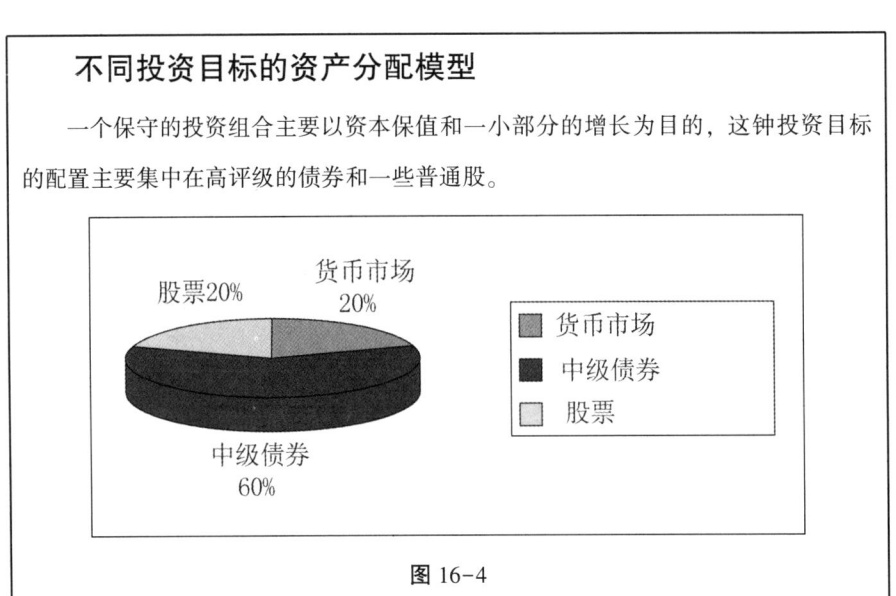

图 16-4

一个均衡的投资组合，一般会配置比较大比例的普通股，以提供资本增值带来的收益，也保有较大比例的固定收益类证券，以获得稳定现金流。

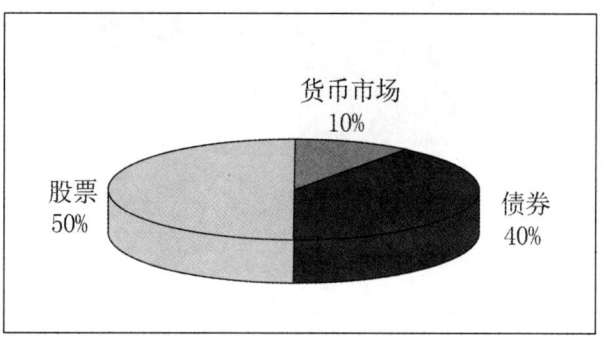

图 16-5

激进的投资组合会放弃一部分债券和固定收益类证券头寸，而配置更多的普通股头寸，以获得资本增值的收益。

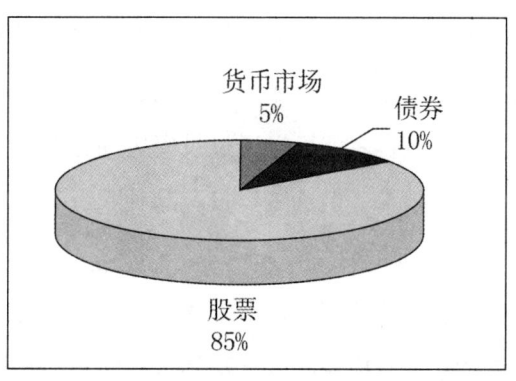

图 16-6

如果投资者是一对金融知识储备很强的年轻夫妇，且投资目的为长期的资本增值，其投资组合就可以分拆至图 16-7 的样子，这也是激进投资者资产分配的第二个方案和案例。

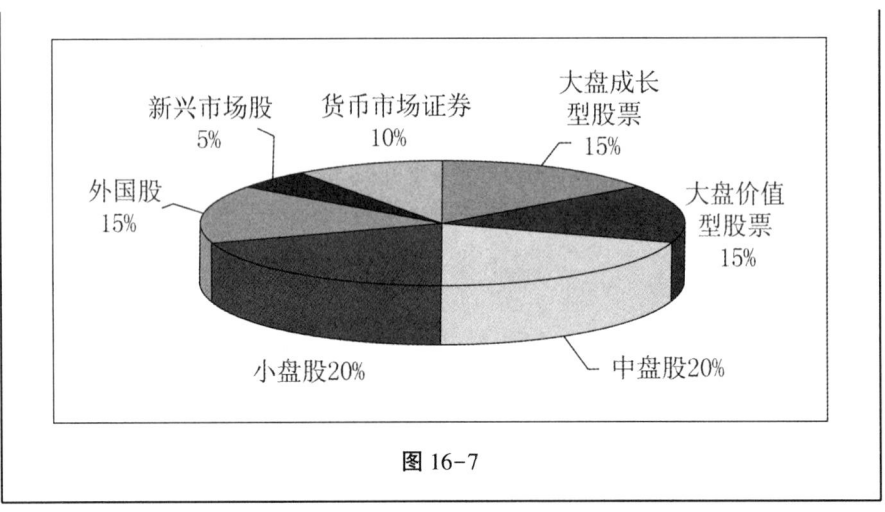

图 16-7

投资品种的选择

为了匹配投资者自身的特点和投资目标,辨别每个投资类型的特点和风险,就显得尤为重要。对于流动性要求高的临时超短期投资者而言,其投资的品种就必须流通性好,能在不损失本金的情况下轻易转化为现金的品种,如货币市场共同基金、支票账户以及储蓄账户。如果投资期限从临时超短期变成了短期,投资者就可以通过投资定期存单、国债以及商业票据来提高自己的投资收益率,但这三类投资品种中,只有国债是在二级市场流通、可以在到期日前出售的。

定期存单、国债、商业票据、货币市场共同基金、支票账户以及储蓄账户等品种,带来的收入是应税收入,虽然这些品种能够提供充分的流动性,但是却不能带来资本的增值(同样也不会带来本金的亏损)。投资这一类品种不会有本金亏损的风险,但这类品种会面临收益率低于通货膨胀率的局面,尤其是在目前低利息的市场环境中。

中期的投资目标一般会延伸到未来的几年中。投资者的购车、购房、家具设备采购以及子女的教育资金,都需要投资组合能带来现金流收入以及资本的增值。这类的投资需要产生比储蓄或者短期货币市场更高的收益率。短期债券的收益率比货币市场要高一些,但投资者也需要明白,短期债券的流动性比货币市场要低一些。

如果投资组合的目标是在5年内支付子女教育费用,投资者需要十分谨慎地选择安全的投资品种——不能包括股票。大部分的投资者都不会用子女的投资经费投资到股票市场中进行博弈。

像退休规划或者为幼年子女以后大学教育经费筹资这样的投资目标,投资组合就必须提供具有成长性且能产生巨大长期收益的方案。相对于债券和货币市场基金,股票带来的长期收益率更高,波动率也更高。投资股票的投资组合,其风险也取决于投资者个人的选股标准。

相对保守的长期投资目标,比较倾向于选择长期债券、蓝筹公司股票、保守的成长股,该策略的重点是投资于高质量的债券和稳定支付股利分红的公司,以及能够提供稳定增长前景的公司。对于保守的投资组合而言,股票能带来的资本增值也十分重要,能抵消通货膨胀率上升对于收益率的侵蚀。

以投资增长为导向的投资组合,寻求的是长期的资本增值和投资组合中的股票价值的增长。投机性相对较强的投资组合,以承受更高风险为代价,追求更高收益率,一般包括成长型股票、新公司股票、外国公司股票、新兴市场股票、可转债、垃圾债、房地产、期权、大宗商品以及期货等。但是投资者始终要牢记,最后三个投资品种——期权、大宗商品、期货——不能成为投资组合里的大多数头寸,对于一个合格的投资者而言,此三类投资品种在自己的头寸中占比不能超过5%。其他的资产能够为投资提供可观的收益,但是损失的风险同样巨大。在仔细了解某国风险和国情之后,外国的债券和股票可以作为投资标的。投资于国际共同基金,可以减少一些外国投资的不确定性风险,短期性的海外投资可能面临着汇率波动的风险,但从长期投资的角度来看,外汇波动不是影响国际投资的重要因素。

图16-8勾勒出了选择成长型股票和价值型股票的连续统一体。有些

投资者比较倾向于选择100%由价值型股票组成的低风险的投资组合，有些投资者则混合投资于价值型和成长型的股票，而一些激进的投资者则100%的投资于成长型的股票。不想直接投资于个股和具体债券的投资者，可以选择投资于债券和股票的交易型开放式指数基金或封闭式基金。考虑将何种证券添加到自己的投资组合时，投资者应该权衡自己的风险承受度，表16-2对降低各类投资风险的不同策略进行了汇总。

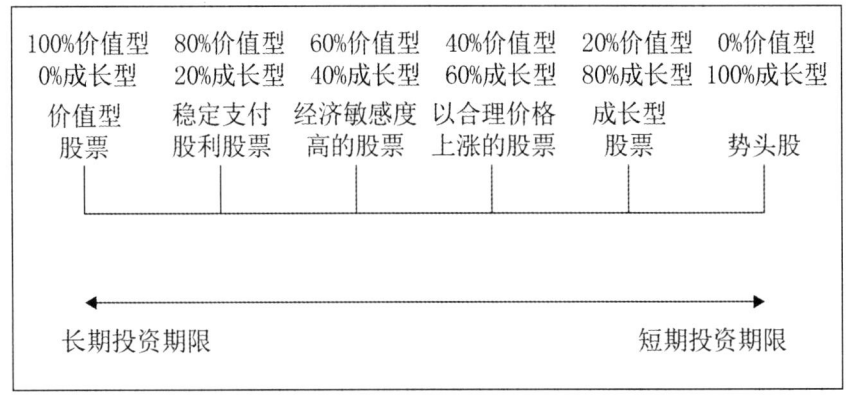

图 16-8 价值股和成长股连续统一体

表 16-2 风险管理策略一览表

投资品种	风险	策略
普通股	市场风险	投资较长的期限
	金融风险	多元化分散风险，投资于杠杆率低的公司
	利息风险	主动或被动的策略，取决于投资者的投资期限
	市场利率下降	增加分配到股票部分的头寸
	市场利率上升	减少分配到股票部分的头寸
	信用风险	投资于高质量的股票
	购买力风险	采用积极的投资组合方式：投资于通货膨胀率上升时价格也会上升的产品，如黄金、原油和大宗商品类的股票

第16章　投资组合管理和评估

纵观整本书，我们都在提及多元化投资能在不降低收益率的前提下减少风险，一个投资组合至少要包括12—15只股票，以减少集中化带来的非系统风险；换句话说，一个公司的股票投资占比，不能超过投资组合的10%，这样的话，即使该股票头寸出现大幅的下降，投资组合的亏损也不会超过10%。另一个建立投资组合的方式，是投资等额占比的股票，假设投资标的股票为20只，那么投资者可以让每只股票投资占总金额的5%。当然，在这些股票中可能有一些潜在的收益较高、风险较低，投资者也可以适当多分配一些权重在这些股票上。

投资者建立多元化高度分散的投资组合，是建立在市场完全有效的基础上的。为了获得比市场大盘更高的收益率，投资者会选择比大盘股风险度更高的股票。被动策略的投资者，则是买入并持有市场大盘指数，以获得和大盘指数一样的增长率。

那些认为自己收益率能超过大盘的投资者，往往都执行短期的策略，更倾向于选择购买成长型的股票，成长型股票的购买和出售时机，随着经济因素的变化而变化，所以，这类的短线投资者并不关心价值型的股票。有些行业对于经济的敏感度会比其他的行业高很多，比如，我们以前提到过的每个行业和经济一样都具有周期性，公司的销售和盈利能力，和经济的周期紧密相连。明白目前所处的经济周期，对于投资者选择哪一类的公司进行投资会有帮助。例如，投资者不应该在经济扩展的顶峰去投资手机公司的股票，因为这类股票已经到达了顶峰，在经济开始放缓以后，其股价必然要下降。在经济扩张的时期，具有周期性的公司股票一般都会上涨；在经济紧缩时，其股价就会相应下跌。周期性的行业，如同手机行业、建筑、交通行业、铝、钢铁、化工和木材行情，这些行业公司的股票都对经济的变化十分敏感，投资者应在经济扩张周期之前买入这些行业的股票。

在经济即将走出衰退期时，金融类的股票一般表现较好，因为在经济开始扩张的时期，利率都相对较低，消费类的公司股票也是值得一买的。

在经济衰退时期，消费者会推迟自己对于手机、房屋以及大型设备的购买计划。周期性的股票价格，随着经济情况的变化而不停波动，并常因为利率上升而遭受重创。在经济扩张时期，资本结构优良的公司，产品销售量会上升，随之上升的是其对原材料需求。稳定行业包括医药、饮料、食品销售、食品公司、消费服务业以及家庭耐用品行业。这些行业都是最典型具有周期性的行业，但例外也始终存在：在2000—2002年的萧条期中，手机行业销售量因为0利息的分期以及打折促销有大幅度增加，但这些增加的销售量并没有增加公司的盈利额。在不同的经济时期购买不同类型行业的股票，有助于投资者提高收益。

市场利率的变化，也应成为投资者调整投资组合的提示因素。如果市场利率将上升，投资者有许多不同的选择，包括出售已经增值的股票，或出售对于利率上升变化敏感度高的行业股票（如金融、手机行业、房地产、公益行业的股票），有些投资者可能选择购买一些医药和食品行业的股票，以抵御高市场利率带来的影响，也有投资者会选择继续持有目前的组合，但不会再往股票市场中投入新的资金，直到利率开始下降，还有一些对于市场周期理论深信不疑的人，会清空自己所有的股票，以等待下一个合适的入场时机。

购买力风险或通货膨胀率，或多或少都会影响投资者的投资收益，但从历史上观察可知，在通货膨胀率低到中期的阶段，股票的收益率都超过了债券和货币市场。矿业股如同黄金、钻石、铝等公司股票，能很好地对冲通货膨胀率带来的影响。

即使是被动管理的投资组合，也需要在经济状况发生改变时及时检查自己的投资组合策略——并不是所有的投资组合都能达到预期的效果，如果运营一段时间以后表现一般，那就说明该投资组合需要调整。

没有专业技能和知识的投资者，可以咨询专业的顾问，以获得适合自己的投资组合。理财规划师和会计师们都会向客户提供投资组合的建议和意见。那些不希望自己去投资管理资产的投资者，也可以选择委托专业的理财机构和信托机构帮自己理财,这些机构一般都是以委托资产金额的固定百分比收费。

长期投资成功与否的关键,在于是否按照投资者的目标和自身特点,将资产按照合理的比例配置到债券、股票、货币等市场中去。